KB194470

제4의 공간

제4의 공간

멈추지 않는 기회의 땅

조현민 지음

4th Place

쌤앤파커스

추천의 글

《제4의 공간》은 전기차를 단순한 기술이 아닌, 삶의 방식을 바꾸는 '움직이는 공간'으로 새롭게 조명합니다. 충전구역은 이제 쉼과 사색의 공간이 되고, 이동 시간은 창조와 회복의 시간이 됩니다. 이 책은 변화의 본질을 읽어내며, 기술이 어떻게 우리의 일상과 도시, 사회를 다시 설계할 수 있는지 깊이 있게 보여줍니다. 다가올 미래를 한 발 앞서 준비하고 싶은 이들에게, 탁월한 안내서가 될 것입니다.

_**구태언** 테크앤로벤처스 대표

인간은 'homo loci' 그러니까 공간적 동물입니다. 그 어느 순간에도 주변 공간으로부터 자유로울 수 없으니 말이죠. 《제4의 공간》에서 저자는 전기차는 단순한 이동 수단이 아닌, 인류에게 지금까지 없었던, 새로운 공간을 제공한다는 흥미로운 가설을 제안합니다. 전기차와 모빌리티를 넘어 인류의 미래 그 자체에 관심이 있는 모든 이들에게 이 책을 추천합니다.

_**김대식** KAIST 전기 및 전자공학부 교수

이볼루션의 조현민 대표는 전기차에 진심인 사람입니다. 그에게 전기차는 단순한 기술 혁신을 넘어, 사람과 삶을 연결하고 공간 개념을 확장하는 문화이자 철학입니다. 이 책에는 빠르게 변화하는 기술 속에서 우리가 지켜야 할 가치와 원칙들이 담겨 있습니다. 덕분에 기술 발전과 함께 필연적으로 다가올 새로운 일상을 대비하고 준비하는 데 큰 도움을 받았습니다.

_**김대환** 국제이모빌리티엑스포 조직위원장

전기차를 바라보는 시선이 이토록 인간적이고도 혁신적일 수 있다니요. 조현민 대표 특유의 사람에 대한 애정과 도전 정신이 책 곳곳에 자연스럽게 스며들어 있습니다. 기술이 공간을 어떻게 확장하고, 그 안에 감정과 자유를 담아내는지 통찰력 있게 풀어낸 이 책은, '제4의 공간'을 단순한 이동 수단이 아닌, 새로운 연결과 창조의 플랫폼으로 제시합니다. 공간에 대한 새로운 상상력이 필요한 모두에게, 그리고 Web3와 자율주행 시대의 미래를 고민하는 이들에게도 꼭 권하고 싶습니다.

_**김미균** 시지온 대표

이 책은 전기차를 '바퀴 달린 스마트폰'을 넘어 삶의 네 번째 무대, '제4의 공간'으로 도약시키며 혁신으로의 동참을 권합니다. 기존 자동차 산업의 낡은 성역은 무너지고 소비자를 단순한 운전대 잡는 인간에서 공간을 창조·수익화하는 주연으로 승격시키는 이야기를 재미있게 담았습니다. 전기차의 물결 위에서 새로운 기회를 꿈꾼다면, 이 책이 좋은 시작점이 될 것입니다.

_**김선교** 한국과학기술기획평가원 위원

전기차는 단순한 이동 수단을 넘어 사람들의 일상을 바꾸며 하나의 문화로 자리 잡고 있습니다. 150년 전 마차에서 자동차로 변화하며 인류의 혁신을 이어갔다면 전기차를 통해 새로운 혁명이 시작되고 있습니다. 전기차 시대가 시작된 지금, 이 책은 변화하는 산업과 사용자들의 문화를 다시 한번 생각해볼 수 있는 계기가 될 것이며, 더 나아가 전기차를 중심으로 한 미래의 생활을 그려보는 청사진이 될 것입니다.

_**김성태** 한국전기차사용자협회(KEVUA) 회장, 《전기차 이야기》 저자

전기차에 대한 많은 논란은 전기차가 그만큼 흥미롭고 중요한 미래교통수단임을 증명해주는 것이라 봅니다. 조현민 대표는 이 책을 통해 우리에게 미래의 삶에 대한 참신한 통찰력을 제공해주고 있습니다.

_**김영태** OECD국제교통포럼(ITF) 사무총장

사람이 살아가는 데 있어 공간은 영토와 같은 개념입니다. 인류는 영토 확장을 위해 전쟁을 벌이기도 하지만, 공간의 확장은 기술을 통해 이루어지기도 합니다. 제1의 공간

이 집, 제2의 공간이 직장, 제3의 공간이 그 밖의 장소라는 것은 알고 있었지만, 제4의 공간이 전기차로 열릴 것이라고는 미처 예상하지 못했습니다. 이 책은 제4의 공간 개념을 명확하게 제시한 해답과 같습니다. 읽다보면 전기차가 단순한 이동 수단을 넘어 제4의 공간 활용 수단이 될 것이라는 확신을 얻게 됩니다.

_**김진태** 방송작가

이볼루션의 조현민 대표는 시대를 앞서가는 통찰력과 용기를 지닌 사람입니다. 대학생 때부터 그를 지켜봐온 저는 전기차를 단순한 기술 혁신을 넘어 사람과 삶을 연결하고 공간 개념을 확장하는 문화이자 철학으로 바라보는 그의 비전에 깊은 감명을 받았습니다. 이 책에는 빠르게 변화하는 기술 속에서 우리가 지켜야 할 가치와 원칙들이 오롯이 담겨 있어, 다가올 새로운 일상을 대비하는 데 큰 도움을 줍니다.

_**김호상** KT ENA 대표

이 책은 전기차가 단순한 이동 수단을 넘어 삶의 방식과 공간 개념을 근본적으로 확장시키는 플랫폼으로 자리 잡을 것임을 제시하고 있습니다. 우리 앞에 다가올 변화를 단순히 예측하는 수준을 넘어, 변화의 본질을 통찰하고 이에 어떻게 준비해야 할지를 차분히 안내합니다. 빠르게 변하는 세상에서 한 발 앞서 나아가고자 하는 분들께 이 책을 권합니다.

_**단우영** 해성그룹 부회장

놀랍도록 탁월하고 독특한 이 책은 신뢰받는 전기차 전문가 조현민 대표의 일과 삶의 정수가 담긴 책입니다. 전기차가 만들 미래를 공간과 라이프스타일의 측면에서 관찰한 이 책의 관점은 새롭고 흥미롭습니다. 나만의 공간과 사유의 시간이 절대적으로 부족하다고 느끼는 현대인들이라면 누구나 읽어야 할 필독서입니다.

_**류재언** 변호사, 벤처캐피털리스트, 《류재언 변호사의 협상 바이블》 저자

《제4의 공간》은 전기차를 단순한 이동 수단이 아닌 '나만의 공간'으로 패러다임을 전환하며, 삶의 방식과 도시 구조, 산업 생태계의 근본적인 변화를 모색합니다. 현대인에게 차는 단순히 이동 수단이지만, 이 책은 '이동하는 별채'라는 새로운 가능성을 제시하며, 전기차 분야 사업 경험이 풍부한 저자의 시각으로 자율주행과 모빌리티 혁신이 만들어갈 미래를 구체적이고 설득력 있게 그려냅니다. 변화의 중심에 선 지금, 이 책은 전기차에 대한 우리의 인식을 근본부터 흔드는 영감을 선사합니다.

_**박용회** 소프트베리 대표

전기차는 우리의 이동 방식을 바꾸는 것을 넘어, 삶의 공간을 확장하는 혁신적인 플랫폼입니다. 수족관 속의 돌고래나 좁은 우리 속의 사자가 스트레스를 받듯이 사람 역시 자신만의 공간이 없는 것에서 힘들어집니다. 전기차에 의한 삶의 공간 확장은 자기 공간이 부족한 현대인에게 위로와 안식을 주는 큰 역할을 할 것으로 생각됩니다. 이 책은 전기차가 가져올 공간 확장성과 그로 인한 사회 변화를 명쾌하게 분석하며, 미래 사회에 대한 깊이 있는 통찰을 제공합니다. 새로 올 미래 사회에 대한 호기심을 가진 분들에게 일독을 권합니다.

_**오한진** 의학박사, 국민주치의

전기차는 단순한 탈것이 아닌, 머무를 수 있는 '공간'입니다. 스마트폰이 손안의 세상을 열었다면, 전기차는 바퀴 위의 일상을 새롭게 만듭니다. 이 책은 이동의 개념을 넘어 공간에 대한 인식 자체를 바꾸는 놀라운 제안을 담고 있습니다.

_**윤성로** 모트라인 대표

전기차에 미친 이의 정상적인 공간이야기. 흥미진진 구매각.

_**조영신** 前 SKB경영전략그룹장, 《애프터 넷플릭스》 저자

IT 변호사이자 AI 교육 전문가로 활동하며 기술이 인간의 삶을 얼마나 풍요롭게 만들수 있는지, 동시에 어떤 준비가 필요한지를 늘 고민합니다. 《제4의 공간》은 바로 이 지점에서 전기차가 단순한 이동 수단이 아닌, 우리 삶의 방식 자체를 바꾸는 혁명적 플랫폼이 될 수 있음을 명쾌하게 보여줍니다. 특히 아파트 중심의 획일적인 주거 문화 속에서 '나만의 공간'을 갈망하는 현대인들에게 전기차가 제공하는 '이동하는 개인 공간'이라는 개념은 신선한 충격이자 깊은 공감을 불러일으킵니다. 법률적 관점에서 발생할수 있는 다양한 이슈들, 그리고 AI 기술과의 접목을 통한 무한한 확장성은 이 책을 단순한 트렌드 분석서가 아닌, 미래를 디자인하는 지침서로 만들기에 충분합니다. 기술의진보가 가져올 새로운 기회를 포착하고 싶은 모든 분들께 이 책을 강력히 추천합니다.

_**조우성** 로펌 머스트노우 대표변호사

전기차를 타며 처음엔 동물적 에너지랄까 그런 감성이 덜해서 맨송맨송하다는 생각이들기도 했습니다. 하지만 전기차에서 시간을 보낼 때마다 체감하는 편리함과 안락함,즐거움의 차원이 이동수단의 그것을 훌쩍 뛰어넘습니다. 저 자신의 지평이 넓어지는이 '느낌'에 아주 구체적인 '확신'의 모터를 달아준 책입니다.

_**조준형** 모빌리티 플랫폼 쏘카 CMO

과거 모빌리티 산업이 도심 이동 문제 해결에 집중했다면, 현재 모빌리티 가치의 핵심에는 바로 공간 혁명이 있습니다. 전기차는 이미 움직이는 라이프 플랫폼으로 진화하고 있고, 운전자 역할을 대신하는 자율주행은 패신저 이코노미(Passenger Economy)라는새로운 가치를 창출하고 있습니다. 이 책은 전기차 충전 솔루션을 제공하는 기업 대표로서 전기차가 가져올 라이프스타일 혁명을 깊이 고민해온 저자의 통찰과 세계관이담긴, 누구나 반드시 알아야 할 근미래를 제시하는 소중한 필독서입니다.

_**차두원** 포니링크 모빌리티사업부문 사장, 《포스트모빌리티》 저자

이 책은 전기차가 단순한 이동 수단을 넘어 삶의 방식과 공간 개념을 근본적으로 확장시키는 플랫폼으로 자리 잡을 것임을 제시하고 있습니다. 다가올 변화를 단순히 예측하는 수준을 넘어, 변화의 본질을 통찰하고 이에 어떻게 준비해야 할지를 차분히 안내합니다. 빠르게 변하는 세상에서 한 발 앞서 나아가고자 하는 분들께 이 책을 권합니다.

_**한경천** KBS 한국방송공사 예능센터장

저는 PR 전문가로서 조현민 저자와 함께 전기차의 미래를 어떻게 더 많은 사람들에게 알릴 수 있을지 고민해왔습니다. 《제4의 공간》을 읽고 전기차 생활의 혜택에 대한 통찰을 얻을 수 있었습니다. 이동하며 머무르고, 머무르며 이동하는 새로운 시대를 상상하고 싶은 모든 분들께 이 책을 추천합니다.

_**홍순언** 에그피알 대표

전기차로 변화하는 공간,
새로운 삶의 방식을 찾아서

우리는 하루 24시간, 언제 어디서나 특정한 공간 속에서 살아간다. 집에서 하루를 시작하고, 직장에서 일을 한다. 카페에서 휴식을 취하고, 자동차 안에서는 이동한다. 그러나 현대 사회에서는 이러한 공간의 의미가 조금씩 달라지고 있다. 다름 아닌 전기차와 자율주행의 등장 때문이다. 이로 인해 단순히 이동 수단에 불과했던 자동차가 이제는 개인의 삶을 담아내는 '제4의 공간'으로 진화하고 있다. 이것은 결코 먼 얘기가 아니다. 바로 우리 눈앞에 다가온 현실이다.

한국 사회는 오랫동안 아파트 중심의 주거 문화를 향유해왔다. 많은 사람이 비슷한 평형의 아파트에서 살아간다. 많은 세대가 모여 공동 거주지를 이루는 생활 덕분에 안전하고 편리한 삶을 누리게 되었지만, 아파트 주거 형태에 장점만 있는 것은 아니다. 아파트는 태생적으로 높은 인구 밀도로 인해 개인 공간을 확보하기 어려운 구조를 가지고 있다. 공동으로 사용하는 공용 공간이 넓은 만큼 가족과 함께하는 시간이 많아졌지만, 그만큼 개인적인 공간은 점점 줄어들기 시작했다. 1인 가구나 2인 부부 가족이 아닌 부모-자녀 세대 구성의 다인 가구의 경우 이런 현상은 더욱 두드러진다.

가족 구성원 중 특히 남성들은 가정과 직장에서의 역할 수행 속에서 온전히 혼자만의 시간을 확보하기 어려운 현실에 직면해 있다. 집에서는 가족과 함께 생활해야 하고, 직장에서는 업무와 동료와의 관계 속에서 늘 사회적 역할을 수행해야 한다. 이러한 환경 속에서 혼자만의 공간을 찾아 나서는 것이 자연스러운 흐름이 되었다.

이러한 변화는 코로나19 팬데믹을 계기로 더욱 가속화되었다. 사회적 거리 두기와 원격 근무의 확산은 기존의 공간 활용 방식을 바꾸었다. 사람들은 집 밖에서 자신만의 공간을 찾기 위한 새로운 방법을 모색하기 시작했다. 팬데믹 동안 차박과 캠핑 문화가 급격히 확산된 것도 이러한 맥락에서 이해할 수 있다. 사람들

이 자동차 안에서 잠을 자고, 영화를 보고, 심지어 화상회의를 한
다. 이제 차량은 단순한 이동 수단을 넘어 '나만의 독립적인 공간'
으로 변모하고 있다. 그리고 이 무렵, 조용히 전기차가 등장했다.

2025년, 오늘을 사는 우리에게 전기차는 단순한 자동차가 아
니다. 조용한 실내, 넓은 공간, 다양한 기능을 갖춘 전기차는 '이
동식 개인 공간'으로서의 역할을 수행할 뿐만 아니라 전에 없던
새로운 라이프스타일을 만들어가고 있다. 내연기관차가 엔진 소
음과 진동으로 인해 한정된 활용도를 가졌다면, 전기차는 정숙하
고 안정적인 실내 환경을 제공한다. 배터리를 이용해 언제 어디
서나 전자기기를 사용할 수 있도록 해준다. 이러한 특징 덕분에
전기차는 이동식 오피스, 휴식 공간, 엔터테인먼트 공간으로 활
용되고 있다. 나아가 가까운 미래에는 완전한 자율주행과 결합하
여 '스마트 오피스&미디어룸'으로 발전할 가능성이 매우 크다.

이 책은 이러한 변화 속에서 '제4의 공간'이라는 새로운 개념을
제시하고자 한다. 제1의 공간(집), 제2의 공간(직장), 제3의 공간(여
가, 사회적 공간)을 넘어, 이동 중에도 온전히 나만의 공간을 만들 수
있는 새로운 형태의 공간 활용 방식에 대해 탐구해보고자 한다.
전기차가 우리의 생활 패턴을 어떻게 변화시키고, 공간 활용 방
식에 어떤 혁신을 가져올 수 있을지, 그리고 우리는 앞으로 이 새
로운 공간을 어떻게 활용해야 할지를 고민하는 것이 이 책의 핵

심 주제다.

다시 한번 강조하지만, 전기차는 또 하나의 새로운 이동 수단이 아니다. 그것은 아주 가까운 미래에 우리의 생활 공간을 확장하고, 삶의 방식을 혁신하는 새로운 플랫폼이 될 것이다. 그렇다면 우리는 이 변화의 흐름 속에서 어떤 선택을 할 수 있을까? 그리고 전기차를 통해 우리는 어떤 새로운 공간을 창조할 수 있을 것인가? 그 답을 함께 찾아가보자.

전기차 관련 비즈니스를 하면서 누구보다도 스스로 전기차에 진심이어야 한다고 생각했다. 어쩌면 그 특유의 오지랖 때문에 이 책까지 내게 되었는지도 모르겠다. 이 책의 내용이 동시대를 살아가는 사람들에게 조금이나마 도움이 될 수 있기를 바란다. 하지만, 책을 쓰면서 가장 가까운 가족과 이볼루션 구성원들에게는 오히려 조금 소홀해지지는 않았는지 반성하게 된다. 사랑하는 나의 가족, 아내 인혜와 아들 현재에게 깊은 감사의 마음을 전한다. 늘 존재 자체로 든든한 힘이 되어주시는 부모님과 장인어른, 장모님께도 진심으로 감사드린다. 그리고 사회에서 맺어지는 새로운 가족이라고 생각하는 이볼루션 구성원 여러분이 있었기에 이 책을 완성할 수 있었다. 지금의 나를 있게 해주신 소중한 한 분 한 분과의 인연에 깊이 감사드린다.

CONTENTS

CHAPTER
1

아파트 공화국의 역설,
사라진 개인 공간

왜 우리에겐
개인 공간이
허락되지 않는가

"형님, 저 지금 집 앞 편의점인데 잠깐 나올래요? 맥주 한 캔 하고 싶은데……."

토요일 저녁, 느닷없이 걸려온 후배의 전화. 요즘 신도시로 이사 가서 애 하나 키우느라 정신없다더니, 후배의 목소리에선 예전의 생기가 느껴지지 않았다. 편의점 앞 플라스틱 테이블에 앉아 후배가 건넨 캔맥주를 받으며, 나는 농담처럼 물었다.

"야, 좋은 아파트로 이사 갔다며? 왜 편의점까지 나와서 이러고 있어."

후배는 맥주 캔을 손끝으로 굴리며 피식 웃었다.

"집이야 좋죠. 새 아파트니까 깨끗하고, 커뮤니티도 괜찮고. 근데요, 그 좋은 집에서 제 자리가 없어요. 거실은 온통 애 장난 감 천지고, 작은방은 놀이방 겸 가족 옷방으로 쓰고, 안방은 아내랑 애가 같이 자니까…… 제가 발 디딜 데가 없어요."

"아니, 집이 몇 평인데 네 자리 하나 없어?"

내 말에 후배는 헛웃음을 지었다.

"30평대거든요? 근데 제 물건은 현관 한쪽 구석에 던져진 등산화랑 화장실에 걸린 칫솔이 전부예요. 하루 종일 거실에서 애들하고 부대끼다 보면 진짜 숨 막혀서요."

맥주를 한 모금 들이켠 후배는 핸드폰을 만지작거리며 덧붙였다.

"화장실이 그나마 제일 편해요. 근데 그것도 애가 문 열고 들어오면 끝장이죠."

그 말에 나도 모르게 피식 웃었지만, 웃음 뒤엔 씁쓸함이 따라왔다. 그에 비하면 나는 감사해야 하는 상황이다. 아내와 상의해 내 방을 따로 쓰고 있고, 그곳에서 책도 보고 음악도 들으며 잠시나마 나만의 시간을 보낼 수 있다. 그런데 내 주변만 둘러봐도 후배처럼 집 안에 자기만의 공간 하나 갖지 못한 채, 화장실에서조차 숨 돌리기 힘들어하는 친구들이 적지 않다.

"근데, 아파트라는 게 참 웃기지 않아요? 방을 더 만들고 싶어도 벽 하나 치는 게 거의 불가능하잖아요. 결국 이사 가기 전까진 주어진 공간 안에서 그냥 버티는 수밖에 없더라고요."

그 말이 특히 가슴에 남았다.

한국에서 아파트라는 공간은, 누군가에겐 꿈의 공간이지만 또 누군가에겐 내 자리 하나 확보하기 힘든 구조적 한계의 공간이다. 30평대에서 40평대로 이사를 가도, 온전히 나만을 위한 공간은 쉽게 생기지 않는다. 그러니 멀쩡한 집 두고, 집 앞 카페나 편의점, 심지어 차 안에서 혼자만의 시간을 보내려는 사람들이 점점 늘어나는 것도 어쩌면 당연한 일이다. 그날 후배와 편의점 앞에서 나눈 대화는 머릿속에 오래 남았다.

21세기를 살아가는 우리 모두에게 필요한 건 평수보다 중요한, 진짜 나만의 공간이다. 어디에도 속하지 않고, 누구 눈치도 보지 않고 온전히 나로 존재할 수 있는 나만의 자리 말이다. 이 장에서는 우리가 잃어버린 개인 공간의 의미와 아파트 공화국에서 펼쳐지는 새로운 공간의 가능성에 대해 함께 이야기해보려 한다.

왜 현대인들은 개인 공간이 부족할까

대한민국은 인구의 절반 이상이 수도권에 집중된 도시화된 국가다. 특히 서울을 중심으로 한 수도권 지역은 '아파트 공화국'이라 불릴 정도로 규격화된 공간 속에서 생활하고 있다. 높은 집값과 제한된 평수는 개인의 사적 공간을 확보하기 더욱 어렵게 만들었다. 많은 기업과 공기관이 서울에 집중되어 있어 많은 직장인이 높은 주거 비용에도 불구하고 서울이나 수도권에 머물기를 선호한다. 이로 인해 도심에서의 생활은 경제적으로 부담이 될 뿐만 아니라, 집을 물리적으로 확장하기도 어렵다. 따라서 개인이 쉴 수 있는 공간에 대한 필요성은 물론, 새로운 공간 활용 방식에 대한 관심 역시 커지고 있다.

대한민국의 아파트 문화는 '국민평형'이라는 말이 생길 정도로 획일화된 주거 공간을 만들어냈다. 84m²(약 25평형)는 한국에서 가장 선호되는 아파트 면적으로, 많은 사람이 동일한 평형의 구조와 인테리어 속에서 살아가고 있다.

서울 강남 지역의 25평 아파트에 사는 한 가족의 사례를 살펴보자. 맞벌이 부부와 두 자녀가 함께 사는 이 집에서는 아이들의 방과 부모의 방을 나누는 것조차 빠듯하다. 부모는 거실 소파에서 휴식을 취하거나 화장실에서 잠깐의 개인 시간을 가지며 개인 공간 부족을 해소하려고 애쓴다.

이러한 구조적 한계는 개인의 사적 공간을 확보하기 어렵게 만들고, 집 안에서도 개인만의 휴식 공간을 찾기 힘든 현실을 만든다. 특히 아이가 있는 가정이나 다인 가구의 경우, 각자의 공간을 갖는 것은 사실상 불가능에 가깝다. 2023년 공개된 '신도시 주거 실태 조사'에 따르면, 수도권 아파트 거주자의 72%가 "집 안에서 개인 공간이 부족하다"고 응답했으며, 공간 부족을 가족 간 갈등의 주요 원인 중 하나로 지목하기도 했다. 현대인들은 가정과 직장에서의 역할, 사회적 관계 유지 등 여러 측면에서 지속적인 요구를 받는다. 특히 결혼한 사람의 경우, 배우자와 아이들에게 양보하느라 홀로 사용할 수 있는 공간이 점차 줄어들고 있다.

그럼에도 '혼자 있는 시간'이 필요한 이유

직장에서도 크게 다르지 않다. 책임과 성과에 대한 부담이 가중되면서 업무 스트레스가 증가하고 있지만, 오픈형 사무실 문화 확산과 원격 근무의 증가로 인해 직장 내에서도 개인적인 공간을 갖기 어렵다. 또한 디지털 시대가 도래하면서 카카오톡, 이메일, 화상회의 등으로 인해 퇴근 후에도 업무에서 완전히 벗어나기 어려워졌다. 반면, 온전히 자신만을 위한 독립적인 공간의 필요성은 더욱 커지고 있다.

사회적 관계는 개인 공간의 필요성을 더욱 부각시킨다. 한국 사회에서는 여전히 경조사 참석, 회식 문화, 친목 모임 등이 중요하게 여겨지며, 이러한 관계를 유지하는 것이 하나의 사회적 의무처럼 작용하고 있다. 이로 인해 사람들은 끊임없이 사회적 관계 속에서 역할을 수행해야 하며, 그 과정에서 혼자 있는 시간은 줄어들 수밖에 없다.

뿐만 아니다. 자신만의 취미를 즐기고 정체성을 유지하기 위한 공간은 더욱 부족하다. 과거에는 개인이 서재나 작업실을 확보할 수 있었다. 하지만 현대의 주거 환경에서는 이를 위한 별도의 장소를 마련하기 어려워졌다. 이에 따라 현대인들은 자연스럽게 차 안, 카페, 헬스장, 캠핑장과 같은 '대체 공간'을 찾게 되었다. 게다가 도시화와 고밀도 주거 환경의 확산으로 인해 개인 공간은 물리적으로도 줄어들고 있다. 사실 아파트 중심의 주거 환경에서는 개별적인 공간을 확보하기 어렵다. 공유 오피스와 오픈형 카페의 증가로 인해 조용히 혼자 있을 수 있는 장소조차 더욱 줄어들고 있다. 이에 따라 개인 공간이 필요한 사람들은 더 아늑한 자동차, 카페, 헬스장, 캠핑장 등을 찾는다. 오롯이 자신만의 시간을 보내기 위해서다.

이처럼 현대인들은 가정과 직장에서의 역할 수행, 사회적 관계 유지, 취미 및 정체성 확립, 그리고 도시 환경의 변화 속에서 점차 개인적인 공간을 잃어가고 있다. 하지만 이들은 그 어느 때보다 물리적, 심리적인 개인 공간을 필요로 하고 있다.

신도시 아재들,
쉴 곳을 찾아 나서다

그렇다면 현대인들이 개인 공간을 확보하기 어려운 이유는 무엇일까? 첫째, 주거 환경의 한계로 인해 개인 공간을 마련하기 어렵기 때문이다. 특히 한국은 아파트 중심의 주거 문화가 정착되어 있을 뿐만 아니라, 가구당 면적도 그다지 넓지 않다. 거실, 주방 등 대부분의 공간은 공유되기 때문에 개인적이고 독립적인 공간을 만들기가 쉽지 않다. 이러한 환경은 개인 서재나 취미 공간을 마련하는 것을 어렵게 만들며, 가정 내에서 개인 시간이 자연스럽게 줄어드는 결과를 초래한다.

둘째, 한국 사회에서는 여전히 관계 중심적인 문화가 강해 개인 공간을 확보하기 쉽지 않다. 직장에서는 협업이 중요한 요소로 여겨지지만, 동시에 독립적으로 일하는 방식도 점점 자리 잡고 있다. 하지만 회식이나 친목 활동이 업무의 연장선처럼 이어지는 경우도 적지 않다. 가정에서도 가족과 함께하는 시간이 중요하게 여겨지면서, 온전히 혼자만의 시간을 갖기는 쉽지 않다. 사회적 관계 중심의 문화도 개인 공간 확보를 어렵게 만드는 요인 중 하나다.

셋째, 경제적 부담도 개인 공간 확보를 어렵게 하는 주요 요인이다. 개인 공간을 만들기 위해서는 추가 비용이 발생하는 경우가 많다. 집에서 별도의 방을 개인 공간으로 꾸미고 싶어도 적지 않은 비용이 필요하다. 그러나 한국의 높은 주거 비용으로 인해 넓은 집을 마련하는 것은 쉽지 않은 일이다. 경제적 부담 때문에라도 개인 공간 확보는 우선순위에서 밀려나기 마련이다.

넷째, 심리적 요인도 작용한다. 한국 사회에서는 개인보다 집단을 중시하는 문화가 강하기 때문에 혼자 있는 것에 대한 일말의 죄책감을 느끼는 경우가 많다. 가정에서는 가족과 함께 시간을 보내야 한다는 압박이 존재하며, 직장에서는 동료와의 관계를 유지하는 것이 중요하게 여겨진다. 이러한 문화적 분위기 속에서 혼자만의 시간을 갖고 싶어도 주변의 기대와 시선 때문에 쉽게 실천하기 어렵다.

마지막으로, 대체 공간 활용의 한계도 있다. 개인 공간이 부족한 현실에서 많은 남성들은 자동차, 카페, 헬스장 등 외부 공간을 개인 공간으로 활용하려 한다. 자동차 안에서 시간을 보내거나, 조용한 카페에서 혼자만의 시간을 가지는 경우도 늘어나고 있다. 하지만 이는 일시적인 해결책일 뿐이다. 헬스장, 카페 등은 비용이 발생할 뿐만 아니라, 완전한 프라이버시가 보장되지 않기 때문에 온전한 개인 공간으로 기능하기에는 한계가 있다.

결국, 요즘 사람들은 여러 가지 이유로 인해 안정적인 개인 공간을 확보하기가 좀처럼 쉽지 않은 환경에 놓여 있다. 이는 단순한 공간 부족의 문제가 아니다. 문화적, 구조적 요인들이 결합된 결과이며, 이를 해결하기 위해서는 개인 공간 확보를 위한 새로운 대안이 필요해졌다.

팬데믹, 공간의 필요를 환기시키다

코로나19 팬데믹은 이러한 공간 부족의 문제를 더욱 심화시켰다. 정부의 방역 지침으로 사회적 거리 두기가 시행되었고, 대중 집합시설 이용도 제한되었다. 서울의 대표적인 대형 백화점들은 팬데믹 초기 방문객 수가 급감해 운영 시간을 단축하거나 일부

매장을 폐쇄해야 했다. 이런 조치는 영화관, 공연장, 스포츠 경기장 같은 문화 시설을 시작으로 식당, 카페 등 모든 공간으로 확대되었다. 일상이 무너진 상황은 사람들로 하여금 기존의 생활 공간을 넘어선 새로운 공간 활용 방안을 모색하게 만들었다. 그 결과, 차박이나 캠핑과 같은 형태의 여가 활동이 급격히 유행하는 계기가 되었다.

2021년 초, 전국적으로 차박 용품 판매량이 전년 대비 200% 이상 증가한 사례는 이러한 변화를 잘 보여준다. 사람들이 차 안에서 간단한 취침 및 휴식을 즐길 수 있도록 설계된 차박 용품은 팬데믹 동안 자연을 배경으로 한 안전한 휴식을 제공하는 대안으로 주목받았다. 이러한 현상은 단순히 새로운 여가 활동을 넘어, 기존의 집이나 실내 공간에서 벗어나 자연 속이나 차량이라는 공간에서 새로운 형태의 사적 공간을 찾고자 하는 욕구를 보여준다. 또한, 이러한 움직임은 단순한 여가 활동을 넘어 공간의 개념을 확장시키는 중요한 전환점이 되었다.

팬데믹 시기에 업로드되었던 '신도시 아재들의 개인 공간은 어디인가'라는 유튜브 채널 피식대학의 콘텐츠는 많은 MZ세대 젊은이들에게 큰 공감을 얻었다. 처음 업로드 된 지 2년 정도 지난 지금 누적 조회 수는 140만 회가 훌쩍 넘는다. 그만큼 많은 이들이 영상의 내용에 공감했다는 뜻이 아닐까. 이 영상에서는 신도시의 아파트에 거주하는 남성들이 집 안에서 개인 공간을 찾지 못해 겪는 현실적인 어려움과 고민을 유쾌하게 풀어낸다. 영상 속 남편들은 개인 시간을 갖는 공간으로 지하 주차장에 세워둔 자동차를 자신만의 휴식 공간으로 삼는다. 이는 현대 사회에서 개인만의 공간이 얼마나 부족한지, 또한 이러한 공간의 필요성이 얼마나 큰지를 잘 보여주었다.

자동차가 개인 공간의 대안으로 활용되는 이유

도시에서 살아가는 사람들은 가정과 직장에서의 역할을 수행하면서도 온전히 혼자만의 시간을 가질 수 있는 공간을 찾기가 쉽지 않다. 하지만 차 안에서는 가족과의 소통이나 사회적 관계에서 벗어나 방해받지 않고 자신만을 위한 시간을 가질 수 있다. 또한 차 안은 심리적으로 안정감을 주는 아늑한 공간이 된다. 좁지만 익숙한 공간인 자동차는 외부의 소음과 간섭을 차단할 수 있어 마치 개인의 작은 방처럼 기능할 수 있다. 방해받지 않고 조용히 시간을 보내거나, 음악을 들으며 감정을 정돈할 수 있다.

이런 장점 때문에 자동차는 종종 단순한 이동 수단을 넘어, 유튜브나 넷플릭스 같은 콘텐츠를 시청하거나 전화 통화를 하며 개인적인 시간을 보내거나, 심지어 짧은 낮잠을 자는 등 '혼자만의 시간'을 보내는 공간으로 활용된다. 퇴근 후 바로 집으로 들어가지 않고 차 안에서 잠시 쉬는 직장인들이 적지 않은 것도 이 때문이다. 점심시간에 회사 주차장에서 혼자만의 시간을 가지는 사람들도 쉽게 찾아볼 수 있다. 이처럼 일상의 틈 속에서 차 안은 중요한 개인 공간이 된다. 무엇보다 자동차는 집과 회사 밖에서도 '나만의 공간'을 만들 수 있는 장소라는 점에서 유용하다. 필요할 때마다 언제든 사용할 수 있는 안전하고 독립적인 공간을 제공하기 때문이다.

자동차는 경제적 부담 없이 사용할 수 있는 현실적인 개인 공간이기도 하다. 별도의 공간을 마련하거나 유료 공간을 이용하지 않고도, 유지비 외에 추가 비용 없이 개인적인 공간을 확보할 수 있다. 결국, 자동차는 개인 공간이 부족한 현실 속에서 심리적으로 안정감을 주고, 경제적 부담 없이 활용할 수 있으며, 언제 어디서든 '나만의 공간'으로 변신할 수 있는 가장 현실적인 대안이 된다.

전기차,
집보다 편한
'이동하는 개인 공간'

'화캉스'라는 말을 들어본 적 있는가? '화장실'과 '바캉스'의 합성어로, 집 안에서도 가장 개인적이고 독립적인 공간인 화장실에서 휴식을 취하는 문화를 의미한다. 2023년 11월 '화캉스' 현상에 대해 다룬 한 언론사의 기사는 '화장실이 제일 편하다는 남편들', '걸핏하면 화장실에서 30분' 등의 표현을 통해 '화캉스'가 무엇인지 설명한다. 원래 이 말은 회사 근무 중에 몰래 화장실에 가서 쪽잠을 자거나 휴대폰을 보며 쉬는 것을 일컫는 신조어였는데, 최근 젊은 남편 중에는 집에서도 화캉스를 하는 경우가 늘었다는 것이다.

기사에서 한 아내는 남편이 하루 평균 40분 이상 화장실에 머무는 동안 아이들이 울고 난장판이 되는 상황을 고백하며 좌절감을 표현하기도 했다. "애 보고 집안일 하느라 정신없는데 남편은 화장실에만 가면 함흥차사"라는 것이다.

반면, 남편들은 화장실이 집 안에서 유일하게 혼자만의 시간을 보낼 수 있는 공간이라고 항변한다. "집에서 그나마 맘 편히 있을 곳은 화장실뿐"이라는 것이다. 실제로 한 직장인은 "집에서는 쉬는 것조차 눈치가 보인다, 화장실만이 유일하게 아무도 나를 방해하지 않는 공간"이라며 화장실을 자신의 '마음의 안식처'로 묘사하기도 했다.

'화캉스' 현상의 유행은 사람들이 집 안에서도 개인만의 시간을 가질 공간이 부족하다는 현실을 적나라하게 보여준다. 높은 집값과 제한된 주거 면적으로 인해 개인이 쉴 수 있는 공간이 사라지고, 결국 사람들은 화장실과 같은 공간에서마저 휴식을 찾게 된 것이다.

이러한 현상은 현대 사회를 살아가는 데 개인 공간의 필요성이 얼마나 절실한지를 보여준다. 또한 기존의 공간 활용 방식에서 벗어나 새로운 형태의 사적 공간을 모색하게 된 계기가 된다. 이러한 사회적 흐름은 오랜 기간 동안 전기차의 특성과 장점을 고민하던 나에게 전기차야말로 이러한 문제에 대한 바람직한 대안이자 최선의 선택이라는 확신을 갖게 해주었다.

화장실 말고 전기차로 가자

미국 중산층 아빠들의 로망은 '개러지(garage)'다. 미국에서 차고는 자동차를 고치거나 잡동사니를 보관하는 곳이기도 하지만, 기타를 치고 맥주를 마시고 나만의 프로젝트를 실현하는 상징적인 공간으로 자리 잡고 있다. 흔히 '남자의 동굴(Man Cave)'이라는 표현이 바로 이 개러지를 향한 동경을 압축한다. 하지만 아파트가 일상이 된 한국에서는 어떨까? 어쩔 수 없이 화장실뿐인 걸까? 한국 아빠의 개러지는 곧 '지하주차장'이고, 그중에서도 개인의 공간으로 허락된 전기차가 대안이 될 수 있겠다.

시동을 켜지 않고도 냉난방 걱정 없이 장시간 체류가 가능하고, 전기차에 탑재된 V2L(Vehicle-to-Load) 기능 덕분에 차를 정차한 채 '작은 생활공간'으로 변모가 된다. 노트북을 켜고 음악을 틀고, 조용한 밤 혼자만의 커피를 내리는 순간. 그것은 '내가 주도하는 작은 공간'이자, 새로운 시대의 개러지다. 화장실도, 옥상도 아닌 진짜 '내 공간'. 제4의 공간은 한국의 중년 남성들에게도 허락된 낭만의 시작일지 모른다.

전기차는 단순한 이동 수단을 넘어 개인의 사적 공간을 확장하고, 새로운 용도로 활용할 수 있는 가능성을 제공한다. 이러한 가능성은 단순한 기술적 진보를 넘어 '제4의 공간'이라는 새로운 개념으로 이어졌다. 나는 전기차가 제4의 공간으로 자리 잡으면서 우리의 생활 방식과 공간 활용 방식에 어떤 혁신을 가져올 수 있을지에 대해 더욱 깊이 고민하게 되었다.

오늘날 전기차는 단순한 이동 수단을 넘어 개인 공간으로서의 활용성을 극대화할 수 있는 혁신적인 기술을 갖추고 있다. 내연기관 자동차와 비교했을 때 공회전 부담이 없고, 더 조용하고 쾌적하며 경제적으로도 부담이 적은 환경을 제공하기 때문이다. 또한 전기차는 이동식 오피스, 휴식 공간, 개인적인 힐링 장소로 더욱 적합한 특성을 지닌다.

먼저 전기차는 조용하고 편안한 실내 환경을 제공한다. 차 안에서 업무나 휴식을 보다 용이하게 할 수 있다. 내연기관 차량은 엔진 소음과 진동이 존재하지만, 전기차는 모터 구동 방식이기 때문에 극도로 조용한 환경을 만들어준다. 이로 인해 차 안에서 업무를 보거나 책을 읽는 등 집중력이 필요한 활동이 더욱 수월해진다. '또치감독'으로 알려져 있는 유튜브 '모트라인' 채널의 김태규 감독 역시 별도의 사무실 공간이 있음에도 불구하고 대부분의 편집 작업을 자신의 전기차에서 수행한다는 것을 공공연히 밝

힌 바 있다.

전기차는 소음이 거의 없어 음악 감상이나 명상, 휴식을 취하기에도 최적의 환경을 제공할 수 있으며, 시동을 켜지 않아도 냉난방이 가능하기 때문에 여름과 겨울에도 쾌적한 환경을 유지할 수 있다. 내연기관 차량에서는 시동을 켜고 공회전을 해야 에어컨이나 히터를 사용할 수 있지만, 전기차는 배터리에서 직접 전력을 공급받아 언제든 냉난방이 가능하다. 이는 차 안에서 장시간 머물 때 더욱 실용적인 요소로 작용한다. 계절에 상관없이 편안한 개인 공간을 유지할 수 있도록 해주기 때문이다.

오피스 공간으로의 확장성

전기차의 V2L 기능을 활용하면 차량을 '이동식 오피스'로 바꿀 수도 있다. 전기차는 내장된 대용량 배터리를 이용해 외부 전자기기에 전력을 공급해준다. 이 기능을 활용하면 노트북, 조명, 커피 머신, 전기 히터 등 다양한 전자기기를 차 안에서 사용할 수 있다. 주차된 차량을 하나의 이동식 오피스로 활용할 수 있는 것이다. 물론 내연기관 차량도 전자기기를 활용하는 방법이 있긴 하지만 거대한 보조 배터리나 다름없는 전기차는 이 기능을 훨씬 쉽고 편리하게 사용할 수 있다.

공간의 활용 면에서도 전기차는 넓은 실내 공간과 플랫 플로어 (Flat Floor) 구조를 갖추고 있어 차량 내부에서 움직이기 훨씬 편리하다. 내연기관 차량은 엔진과 변속기 구조로 인해 실내 바닥이 불규칙하고, 중앙 터널이 존재하는 경우가 많다. 하지만 전기차는 이러한 기계적 제약이 없어 바닥이 평평하고 공간이 넓다. 이를 통해 차 안에서 자세를 바꾸거나, 좌석을 조절해 더욱 편안한 환경을 만들 수 있다. 필요할 경우 소형 테이블을 설치해 간이 작업 공간으로 활용하는 것도 가능하다.

전기차는 유지비 절감 효과가 크기 때문에 연료비 부담 없이 장시간 머물 수 있다는 장점이 있다. 내연기관 차량은 장시간 공회전을 하게 되면 연료 소모가 커지고 유지비가 증가한다. 하지만 전기차는 전기 충전 비용이 상대적으로 저렴하고, 배터리 전력만으로 장시간 머물 수 있다. 마지막으로, 전기차는 친환경적이며 법적 규제가 적기 때문에 공공장소에서도 부담 없이 활용할 수 있다. 내연기관 차량은 배기가스를 배출하고 소음이 발생하는 반면, 전기차는 공회전이 필요 없고 배기가스 배출이 없기 때문에 도심이나 자연 속에서도 보다 자유롭게 활용할 수 있다.

결국, 전기차는 내연기관 차량과 비교했을 때 개인 공간으로서 훨씬 더 쾌적하고 실용적인 환경을 제공한다. 조용한 실내 공간과 편리한 냉난방 시스템, 넓고 평평한 실내 구조, V2L을 통한 전력 공급, 낮은 유지비, 친환경적인 특성 덕분에 전기차는 단순한 이동 수단을 넘어 '이동하는 개인 공간'으로 자리 잡고 있다. 이를 통해 사람들은 차 안에서 더욱 자유롭게 일하고, 쉬고, 자신만의 시간을 보낼 수 있는 새로운 라이프스타일을 만들어갈 수 있다.

PV5가 묻는다: 자동차인가, 공간인가

2025년 4월에 열린 서울모빌리티쇼에서 기아가 공개한 'PV5'는 자동차 산업이 '이동의 종말'을 준비하고 있음을 선언한 사건이었다. 특히 LG전자와의 협업으로 선보인 '슈필라움(SPIELRAUM)'이라는 콘셉트는 인상적이다. 독일어로 '놀이 공간' 또는 '여유 공간'을 뜻하는 이 단어는 자동차 안이 더 이상 단순한 탑승 공간이 아닌 '삶을 담는 무대'로 진화하고 있다는 메시지를 담고 있다.

기아 국내사업본부장 정원정 부사장은 PV5 슈필라움 콘셉트카에 대해 "자동차와 가전의 결합을 통한 '모빌리티 공간 솔루션' 제공으로 고객의 라이프 스타일에 획기적인 변화를 주도할 것"이라며 포부를 밝혔다. 또 "이번 LG전자와의 협력은 '차량 그 이상의 플랫폼(Purpose Built Vehicle)'이라는 PBV의 본질적 가치를 구현하는 중요한 전환점이 될 것이며, 단순한 이동 수단을 넘어 개인화된 생활 및 업무 공간으로 진화하는 모빌리티의 새로운 패러다임을 창출하는 데 기여할 것"이라고 말했다. AI 기술의 폭발적인 발전으로 이러한 패러다임의 변화는 더욱 가속화될 것이다.

전시장에 세워진 PV5는 마치 이동형 미니멀 하우스처럼 보였다. 접이식 침대, 모듈형 가구, 대형 디스플레이, 이동 가능한 가전제품이 탑재되어 '운전하지 않을 때도 충분히 의미 있는 공간'이 가능하다는 것을 보여주었다. 이것은 제4의 공간이 더 이상 개념이 아니라 구현 가능한 현실임을 증명하는 사례. 자동차의 정의가 '차량(vehicle)'이 아닌 '버티컬 공간(vertical space)'으로 확장되는 시대, PV5는 그 전환의 출발선 위에 서 있다.

스마트폰이 바꾼 정보 혁명, 전기차가 바꿀 공간 혁명

2011년, 어느 경제지에서 '스마트폰 시대에 이어 스마트카 시대가 온다'는 기사를 읽었다. 스마트폰이 이제 막 우리 일상 깊숙이 들어오던 시절이었다. 전화기와 문자를 주고받는 기기 정도로만 생각했던 휴대폰이, 인터넷에 연결되고, 앱으로 모든 걸 해결하는 플랫폼으로 바뀌면서 우리 삶은 빠르게 재편되고 있었다.

그 기사는 스마트폰 다음으로 자동차가 그런 변화를 겪을 거라고 예측하고 있었다. 처음엔 잘 와닿지 않았다. 차는 그저 기름 넣고 달리는 기계였고, 그 기계가 어떻게 스마트폰처럼 변할 수 있는지 쉽게 상상이 가지 않았다. 그런데, 그 기사를 읽고 나니

문득 궁금해졌다. '스마트폰이 우리의 생활 공간을 바꿨다면, 스마트카는 우리의 이동 공간을 어떻게 바꾸게 될까?'

그로부터 1년 뒤인 2012년, 당시 한전 본사 앞에서 카셰어링으로 운영되던 '레이EV'를 타보게 된 게 계기였다. 처음 시동을 걸었을 때 들려온 특유의 '위이잉' 소리. 기름 냄새도, 엔진 진동도 없는데, 전동카트처럼 부드럽게 움직이면서도 생각보다 강한 힘과 가속감에 놀랐던 기억이 아직도 생생하다. 그때까지만 해도 전기차는 '골프장 전동 카트의 업그레이드 버전' 같은 느낌이었다. 특이하고 재미있지만, 내 일상을 바꿀 만한 존재는 아니었다.

하지만 그로부터 7년 뒤, 2019년. 나의 첫 전기차, 테슬라 모델3를 만난 순간, 그 생각은 완전히 바뀌었다. 커다란 디스플레이 하나로 모든 기능을 조작하는 방식, 스마트폰처럼 끊임없이 업데이트되는 소프트웨어, 그리고 무엇보다 오토파일럿이라는 혁신적인 기능까지. 이건 자동차가 아니라, 움직이는 스마트 디바이스였고, 그 안에서 보내는 시간은 이전 내연기관차와는 완전히 다른 경험을 선사했다. 무엇보다 충전하는 시간이 새로웠다. 기름 넣을 때 생각도 못 했던 긴 충전 시간 동안, 자연스럽게 차 안에서 머무르며 생긴 '틈' 같은 시간들. 그 시간이 쌓일수록 차 안은 단순한 운전석이 아니라, 멀티미디어를 즐기며 휴식을 취할 수 있는 멀티미디어 룸이자, 나의 작은 서재이자, 때론 아이디어

노트가 펼쳐지는 개인 공간이 되었다.

스마트폰이 전화기의 기능을 넘어서 손안의 생활 플랫폼으로 변신했듯, 전기차는 단순한 이동수단을 넘어 '완전히 새로운 제4의 공간'으로 우리 앞에 나타나고 있었다.

이제는 많은 분들이 공감하는 것처럼, 스마트폰의 등장은 우리의 생활 방식을 근본적으로 변화시켰다. 과거 피처폰 시절에는 휴대전화가 단순히 통화와 문자 메시지를 주고받는 수단에 불과했지만, 스마트폰이 등장하면서 인터넷, 소셜 미디어, 업무, 쇼핑, 엔터테인먼트까지 모든 것이 스마트폰 하나로 가능해졌다. 이로 인해 일상생활 전반이 디지털화되었으며, 정보 접근 방식과 커뮤니케이션 방식, 업무와 학습 환경, 소비 습관과 라이프스타일까지 폭넓은 변화가 이루어졌다.

스마트폰, 우리 삶의 무엇을 바꾸었나

가장 큰 변화는 정보 접근 방식의 혁신이다. 피처폰 시절에는 뉴스를 확인하거나 정보를 찾기 위해 TV나 신문, PC를 이용해야 했지만, 스마트폰 보급 이후 언제 어디서나 인터넷 검색과 실시간 뉴스를 확인할 수 있게 되었다. 이에 따라 정보 소비 속도가 비약적으로 증가했으며, 즉각적인 피드백과 반응이 가능한 사회로 변화하는 계기가 마련되었다.

커뮤니케이션 방식도 크게 달라졌다. 피처폰 시절에는 전화와 문자 메시지가 주요한 소통 수단이었지만, 스마트폰이 등장하면서 카카오톡, 페이스북, 인스타그램, 틱톡과 같은 소셜 미디어와 메신저 앱이 새로운 소통 방식으로 자리 잡았다. 이러한 변화는 공간의 제약 없이 실시간 커뮤니케이션을 가능하게 했으며, 개인뿐만 아니라 기업과 고객 간의 소통 방식도 근본적으로 변화시켰다.

업무와 학습 방식 또한 혁신적으로 변화했다. 과거에는 업무를 보기 위해 반드시 PC나 사무실이 있어야 했지만, 이제는 스마트폰을 통해 이메일을 확인하고, 원격 근무를 진행하며, 화상 회의와 문서 편집이 가능해졌다. 이와 마찬가지로 교육 분야에서도 온라인 강의와 모바일 학습이 활성화되면서 학습 방식이 보다 자유롭고 유연해졌다.

결제 및 소비 습관도 스마트폰의 보급으로 인해 크게 변화했다. 피처폰 시절에는 오프라인 매장에서 직접 현금이나 신용카드를 이용해야 했지만, 스마트폰이 등장하면서 모바일 결제가 보편화되었다. 배달 앱과 쇼핑 앱을 통한 소비가 증가하면서, 지갑 없이 스마트폰 하나로 결제를 해결하는 것이 일반적인 현상이 되었다.

라이프스타일과 여가 활동도 스마트폰으로 인해 완전히 새로운 방식으로 자리 잡았다. 과거에는 MP3 플레이어나 PMP 같은 별도의 기기를 이용해 음악을 듣거나 영상을 감상했지만, 스마트폰이 등장하면서 넷플릭스, 유튜브, 스포티파이와 같은 스트리밍 서비스를 언제 어디서나 즐길 수 있게 되었다. 또한, 게임 역시 피처폰 시절의 단순한 벽돌깨기 수준에서 벗어나, 고퀄리티 모바일 게임이 대세가 되면서 엔터테인먼트의 중심이 스마트폰으로 이동했다.

결국, 스마트폰은 우리의 생활 방식을 더욱 연결되고 효율적으로 변화시켰으며, 정보 소비, 커뮤니케이션, 결제 및 소비 습관, 업무 환경까지 전반적인 사회 구조를 바꾸어놓았다. 그러나 디지털 중독과 프라이버시 문제, 실시간 연결이 가져오는 피로감 등 새로운 과제들도 함께 등장했다. 스마트폰은 현대인의 필수 도구로 자리 잡았음에는 의심의 여지가 없다. 그렇다면 그 다음은?

전기차,
이동의 패러다임을
다시 쓰다

피처폰에서 스마트폰으로의 변화가 단순한 기술적 업그레이드를 넘어, 우리의 생활 방식을 근본적으로 변화시켰듯이, 내연기관차에서 전기차로의 전환 또한 이동과 공간 활용의 패러다임을 완전히 바꾸고 있다. 과거 피처폰 시대에는 전화와 문자 메시지가 주된 기능이었으며, 인터넷 검색이나 멀티미디어 활용은 제한적이었다. 하지만 스마트폰의 등장은 언제 어디서나 정보를 검색하고, 업무를 수행하며, 쇼핑과 엔터테인먼트까지 손쉽게 즐길 수 있도록 하며, 단순한 통신 기기를 넘어서 '휴대용 라이프 플랫폼'으로 자리 잡게 했다. 이처럼, 내연기관차에서 전기차로의 변화도 단순한 연료 교체의 문제가 아니라, 자동차를 '이동 수단'에서 '확장된 개인 공간'으로 변화시키고 있다.

전기차, 이동을 넘어 '제4의 공간'이 되다

첫째, 전기차는 이동 중 시간을 더욱 가치 있게 활용할 수 있도록 만든다. 과거 내연기관차 시절에는 운전에 집중해야 했으며, 이동 시간은 생산적 활동을 하기 어려운 시간으로 여겨졌다. 그러나 전기차, 특히 자율주행 기술과 결합된 전기차는 운전자의 개입을 최소화하고, 이동 중에도 업무를 보거나 여가를 즐길 수 있는 '이동식 오피스' 또는 '이동식 거실'의 개념을 실현하고 있다.

둘째, 전기차는 단순한 이동 수단을 넘어 생활 공간으로 확장되고 있다. 피처폰이 단순한 통화 도구에서 벗어나 인터넷, SNS, 모바일 결제 등을 포함한 종합적인 라이프스타일 기기로 변모한 것처럼, 전기차 역시 단순한 교통수단이 아니라, 업무 공간, 휴식 공간, 엔터테인먼트 공간 등 다목적으로 활용될 수 있는 환경을 제공하고 있다. 예를 들어, 전기차는 정차 중에도 냉난방 시스템을 가동할 수 있고, V2L 기능을 통해 외부로 전력을 공급할 수 있어 캠핑이나 이동식 오피스로 활용되는 사례가 증가하고 있다.

CHAPTER 1

셋째, 전기차의 확산은 도시와 거주 공간의 개념도 변화시키고 있다. 과거 내연기관차 시절에는 도심 내 주유소 인프라가 필수적이었으나, 전기차 시대에는 충전 인프라가 주거 공간과 결합되며, '집에서 충전하는 자동차'라는 개념이 보편화되고 있다. 이는 거주 공간과 자동차의 관계를 더욱 밀접하게 만들며, 피처폰에서 스마트폰으로 변화하며 모바일 결제가 보편화된 것처럼, 전기차의 충전 방식과 에너지 관리도 일상생활의 일부가 될 것이다.

마지막으로 전기차는 환경과 지속 가능성에 대한 인식을 높이며, 새로운 소비 문화를 형성하고 있다. 피처폰 시대에는 하드웨어의 내구성이 주요한 고려 요소였다면, 스마트폰으로 넘어오면서 지속적인 소프트웨어 업데이트와 친환경적인 제품 설계가 중요한 경쟁력이 되었다. 마찬가지로, 전기차는 단순한 차량 구매가 아닌, 지속적인 OTA(Over-The-Air) 업데이트를 통해 성능이 개선되고, 배터리 재활용과 같은 친환경 요소가 핵심 가치로 자리 잡고 있다. 이는 소비자가 자동차를 단순한 물리적 제품이 아니라, 지속적으로 발전하는 플랫폼으로 인식하게 만들고 있다.

결국, 내연기관에서 전기차로의 변화는 피처폰에서 스마트폰으로의 변화처럼, 기술적 전환 이상의 의미를 가진다. 자동차는 이제 단순한 이동 수단이 아닌, 개인의 생활과 업무, 여가를 위한 '제4의 공간'으로 자리 잡고 있으며, 이로 인해 사람들의 생활 방식, 도시 구조, 에너지 소비 패턴까지도 변화시키고 있다. 전기차는 단순한 기술 혁신이 아니라, 우리가 공간과 시간을 활용하는 방식을 근본적으로 재정의하는 변곡점이 되고 있다.

살아보세요, 자동차 안에서

현대자동차는 아이오닉9 광고에서 "살아보세요"라는 짧지만 인상적인 문장을 내세웠다. 자동차 광고에서 "타보세요"도, "경험해보세요"도 아닌, "살아보세요"라는 말이 주는 울림은 묵직하다. 이는 차량이 더 이상 이동만을 위한 기계가 아닌, '삶의 일부', 더 나아가 '삶을 살아내는 공간'으로 포지셔닝되고 있다는 명확한 신호다.

이 광고는 '제4의 공간' 개념과 놀랍도록 일치한다. 실제로 아이오닉9의 내부는 과거 차량과는 다른 배치를 보여준다. 전통적인 조작 버튼이 줄고, 탁 트인 대시보드와 가정용 소파를 닮은 좌석 배치는 마치 '움직이는 거실'에 가까운 느낌을 준다. 운전석이 아니라 리빙룸, 콘솔이 아니라 테이블, 대시보드가 아니라 벽면처럼 느껴지게 만드는 이러한 설계는 결국 '경험의 무게 중심'을 이동에서 체류로 옮겨놓는다. 이 광고 카피는 그저 멋진 문장이 아니라, 자동차의 본질에 대한 질문이자 새로운 사용 방식에 대한 도전장이었다.

익숙함의 감각, 되돌릴 수 없는 공간

한번 익숙해지면 다시는 예전으로 돌아가기 싫은 것들이 있다. 애플의 아이폰이 그렇고, 테슬라의 자율주행 시스템 FSD(Full Self-Driving)도 그렇다. 주변에서 오랫동안 아이폰 쓰던 사람이 갑자기 안드로이드로 옮겼다는 소식은 조금은 의아하게 들리기도 한다. 사진은 어디 저장됐는지 모르겠고, 문자에 답이 안 와서 알고 보니 iMessage 때문이었고, 에어드롭도 안 된다고 짜증을 낸다. 이쯤 되면 아이폰은 그냥 전화기가 아니라, 사람 사이의 매끈한 연결에 대한 감각까지 책임지는 '소셜 허브'다.

테슬라도 마찬가지다. 미국에서 FSD를 직접 경험해 본 이들은 말한다. "한번 그 운전에 익숙해지면, 다시 돌아가기 어렵다"고 말이다. 나 역시 이를 직접 경험해보기 위해 일주일이 넘는 시간동안 FSD를 활용해서 1,000킬로미터 이상을 주행해보고선 알게 되었다. 그 말이 조금의 과장도 없는 매우 현실적인 소감이란 것을 말이다.

물론 한국에선 아직 이런 경험이 대중적이지 않다. 하지만 '한번이라도' 느껴본 사람들은 안다. 운전이라는 '집중 노동'에서 해방된 순간, 차 안은 그 자체로 하나의 공간이 된다. 경로 안내를 따라가며 잠시 생각에 잠기기도 하고, 동승자와 여유롭게 대화를 나누기도 한다. 앞좌석은 더 이상 '기계 조작석'이 아니라, 이동 중 존재할 수 있는 일상의 캡슐 공간이 되는 것이다.

익숙함이 바꾸는 공간 감각의 변화

스마트폰이 일상의 틈을 정보로 채워줬다면, 테슬라 FSD는 이동의 틈을 나만의 공간으로 바꿔놓는다. 가족을 픽업하러 가서 차 안에서 기다리는 시간, 출퇴근길 정체된 도로에서 꼼짝 없이 갇힌 그 순간, 그리고 어쩐지 아무 말도 듣고 싶지 않은 날, 조용히 혼자만의 시간을 보내기 위해 스스로 찾게 되는 아지트 같은 공간. 예전 같으면 그저 지루하고 낭비되는 시간이었을지 모를 이 순간들이, 이제는 영상을 보거나, 메모를 정리하거나, 생각을 다듬는 작은 루틴의 시간이 된다. 누구의 방해도 받지 않고, 딱 '나만의 박스' 안에 있는 듯한 그 안정감.

아이폰과 테슬라는 이렇게 우리 감각을 훈련시킨다. 손끝의 감도, 눈의 움직임, 생각의 타이밍까지 말이다. 그리고 이 익숙함은 점점 '공간'까지 바꿔버린다. 중요한 건 이 모든 변화는 '특별해서'가 아니라 '익숙해서' 일어난다는 점이다. 한번 길들여진 시간 감각과 공간 감각은, 그 이전으로 쉽게 돌아가지 않는다는 것이며, 돌아가고 싶지 않아진다는 것이다. 이미 경험해버린 사람에게는 그게 더 불편하다.

이건 꼭 테슬라나 아이폰 이야기만은 아니다. 자동차 기어조작만 해도 그렇다. 오토 차량에 익숙해진 사람은 수동기어 차량을 몰려고 하면 클러치 감각부터 낯설고 불편하다. 스마트키에 익숙해지면, 열쇠를 꽂아 돌리는 방식은 마치 필름카메라처럼 고전적으로 느껴진다. 집에선 음성으로 조명을 켜던 사람이 낯선 숙소에서 스위치를 찾느라 벽을 더듬는 것처럼, 더 '편한 방식'은 곧 더 '당연한 방식'이 되고, 그 당연함은 언제나 되돌아가기를 거부하는 힘이 된다.

기술이 바꾸는 건 결국 '감각'이고, 그 감각이 우리가 머무는 공간의 방식을 바꾼다. 우리는 이제 되돌릴 수 없는 감각을 품은 채, 이전과는 전혀 다른 공간 위에서 살아가게 될 것이다.

모빌리티 혁신이 이뤄낸 제4의 공간

이 책에서 제안하는 '제4의 공간'이라는 개념은 기존의 공간 분류 체계를 확장하는 관점에서 출발한다. 레이 올덴버그(Ray Oldenburg)는 《The Great Good Place》에서 집(제1의 공간), 직장(제2의 공간) 외에 사람들이 자율적으로 관계를 형성하고 휴식을 취하는 장소를 '제3의 공간(Third Place)'이라 정의한 바 있다. 카페, 공원, 지역 서점 등은 이런 사회적 공간의 대표적 예시다.

공간의 유형과 특징

	제1의 공간 : 개인적 휴식 공간	제2의 공간 : 노동 및 생산의 공간	제3의 공간 : 여가와 소통의 공간	제4의 공간 : 이동과 복합적 삶의 공간
주요 기능	재충전, 사생활	업무, 생산	만남, 여가	이동+일상
물리적 속성	고정, 개인 영역	공적, 규칙 중심	유동적, 반공적	이동성, 확장성
대표 사례	집, 침실, 서재	사무실, 공장	카페, 도서관	전기차·자율차
특성	안정, 휴식, 취미	협업, 성과, 관계	소통, 다양한 활동	거주·업무·여가 복합

일상 속에서 경험하는 다양한 공간은 각각 고유의 기능과 특징을 가진다. 제1의 공간부터 제4의 공간까지, 우리의 삶은 점점 더 변화하고 있다.

하지만 전기차와 자율주행 기술의 발전은 이와는 또 다른 형태의 공간을 제시하고 있다. 바로 이동 중에도 업무를 수행하거나, 휴식을 취하며, 나만의 시간을 보낼 수 있는 이동형 개인 공간이다. 이것은 기존의 고정된 물리적 공간이 아니라, 기술에 의해 확장되고 재구성된 새로운 공간 경험이며, 기존 제1~3의 공간 개념을 넘어선 '제4의 공간'이라는 개념으로 해석될 수 있다. 특히 마크 오제(Marc Augé)가 이야기한 '비장소(non-place)' 개념처럼, 익명성과 일시성이 강한 공간을, 기술과 라이프스타일 변화가 의미 있는 장소로 전환시키는 것이 오늘날 모빌리티 혁신이 가진 공간적 함의다.

비장소란 마크 오제가 현대 사회에 새롭게 태어난 '인류학적 장소'와 대비되는 장소성을 특징짓기 위해 고안한 개념으로, 인류 역사상 전통적인 장소의 요건인 관계성, 역사성, 정체성을 갖지 못하는 곳을 의미한다. 이는 항공로, 철로, 도로, 항공기나 기차 등 운송 수단의 객실, 공항, 철도역, 호텔 체인, 대규모 아울렛과 레저 파크 등 이른바 운송 네트워크, 교통 수단, 교통 수단을 이용하기 위한 대기 공간, 커뮤니케이션 네트워크 등을 아우른다. 이런 곳 역시 일종의 '장소'이기는 하지만, 실제로 거주하는 곳이 아니라 잠시 거쳐 지나는 환승의 장소, 서로 만나는 곳이 아니라 스쳐 지나가는 곳을 지칭한다. 전기차와 자율주행 기술의 발전으로 자동차가 이동형 개인 공간이 된다는 것은 비장소인 운송 수단의 공간을 생활과 활동이 이루어지는 유의미한 공간으로 전환시키는 것이다.

CHAPTER
2

제4의 공간의
탄생 배경

'움직이는 다락방' 그리고 '별채'

2020년 봄, 전 세계를 뒤덮은 팬데믹은 우리의 일상은 물론, 공간의 의미까지 완전히 바꿔놓았다. "집에 머무세요"라는 문장은 하루에도 수십 번씩 울려 퍼졌고, 모임은 사라지고, 이동은 멈췄다. 5인 이상 집합금지가 일상화되며, 사람들은 "'안전한 공간'이란 대체 무엇일까?"라는 근본적인 질문과 마주해야 했다.

전기차가 선물한 '움직이는 다락방'

다행히 내가 살던 집은 조금 특별한 구조였다. 타운하우스의 맨 꼭대기 층이었는데, 서비스 면적으로 제공되는 2층에는 아늑한 다락방이 있었고, 다락방 한켠으로 작은 테라스도 있어 답답할 때는 그곳으로 나가 바람을 쐬며 밀려오는 갑갑함을 조금이나마 달랠 수 있었다. 한번은 테라스에 텐트를 치고, 멀리 나가지 않고도 '홈캠핑' 기분을 내보기도 했다. 그 순간만큼은 새로운 공간을 개척한 것 같아 스스로에게 작은 위로가 되기도 했지만, 아쉽게도 그 기분은 오래가지 않았다. 밖으로 보이는 풍경이 늘 똑같다는 사실이 어느 순간 지루함으로 다가왔기 때문이다.

'내가 창을 열었을 때, 건너편 아파트가 아니라 산과 바다, 매일 다른 풍경을 마주할 수 있다면 얼마나 좋을까?' 그런 상상은 점점 더 커져만 갔다. 자연스레 차박을 생각하게 되었고, 그때 전기차의 효용성이 다시 한번 빛을 발하는 순간을 맞이했다.

처음에는 단순히 친환경적인 이동수단 정도로만 여겼지만, 전기차를 타고 떠난 첫 차박 여행에서 완전히 새로운 공간의 가능성을 발견했다. 아파트 다락방처럼 뭔가 아늑하면서도, 언제든 풍경을 바꿀 수 있는 이동성까지 갖춘 공간. 배터리 덕분에 냉난방 걱정 따위 하지 않아도 되었고, 조명과 음악도 마음껏 즐길 수 있었다. 차 안에서 보내는 시간이 단순히 이동을 위해 필요한 수단이자 정차 중 대기시간이 아닌, 완전한 나만의 별채이자, 움직이는 다락방이 되는 순간이었다.

팬데믹 속에서도 안전하게 나만의 공간을 유지하면서, 자연과 마주하고, 원하는 곳으로 떠날 수 있는 자유를 안겨준 전기차는 고정된 집을 벗어나, 움직이는 나만의 공간을 선물해주었다. 이 장에서는 팬데믹이 던진 공간의 의미 변화와 함께, 전기차가 어떻게 우리에게 '움직이는 다락방'이라는 새로운 라이프스타일을 선물했는지 이야기해보려 한다.

제4의 공간: 이동과 생활이 결합된 새로운 개념

전기차는 그 자체로 '움직이는 다락방'이자 개인의 확장된 공간이 된다. 기존의 다락방이 집 안에서 개인만의 공간이자 숨 쉴 수 있는 곳이었다면, 전기차는 이동성과 연결성을 더해 개인의 공간 활용을 극대화한다. 차량 내부에서 휴식, 업무, 여가 활동이 자연스럽게 이루어지며, 이는 차량의 사용 패턴을 근본적으로 변화시키고 있다. 또한 전기차는 '별채'의 개념으로도 확장될 수 있다. 집과는 분리된 독립적인 공간인 별채가 개인의 프라이버시와 독립성을 보장하듯, 전기차는 개인의 사적 공간이자 독립적인 생활 공간으로서의 역할을 강화한다. 특히 장시간 주차 시에도 차 안에서 편안하게 머무를 수 있고, 다양한 기능을 통해 완전히 독립적인 생활 공간으로 활용할 수 있다. 이는 전기차가 단순한 다락방을 넘어 독립된 '움직이는 별채'로 진화할 가능성을 보여준다.

이러한 변화는 단순히 자동차 산업의 혁신에 그치는 것이 아니라, 공간의 개념과 삶의 방식을 변화시키는 라이프스타일 혁신으로 이어지게 된다. 차량을 단순한 이동 수단이 아닌, 개인의 생활과 밀접하게 연결된 공간으로 인식하게 된 것은 기술 발전과 사회적 요구가 맞물린 결과다. 앞으로의 시대는 이러한 흐름 속에서 자동차의 역할과 활용이 더욱 확대될 것이며, 이는 우리의 생활 방식과 공간 활용에 대한 새로운 기준을 제시하게 될 것이다. 이러한 변화는 제4의 공간이 단순한 개념을 넘어 현대인의 생활 전반에 자리 잡아가는 과정을 더욱 구체적으로 보여줄 것이다.

기존의 집과 직장, 그리고 카페 같은 제3의 공간이 일정한 틀 속에서 운영되는 반면, 제4의 공간은 사용자의 라이프스타일과 요구에 맞춰 변화하는 유연성을 가지게 된다. 이 공간은 일과 생활의 경계를 허물며, 새로운 형태의 하이브리드 공간으로 기능할 수 있는 가능성을 열어준다. 재택근무와 원격 근무가 보편화되면서, 이동 중에도 업무를 수행할 수 있는 환경이 필요해지고 있다.

자율주행차가 대중화되면 출퇴근 개념에도 변화를 주게 되고, 사람들이 원하는 시간과 장소에서 자유롭게 일할 수 있는 환경이 조성되면서 제4의 공간은 자연스럽게 기존 내연기관차 시대와는 다른 '이동식 오피스'의 역할을 할 수 있게 된다.

개인의 안식처로서의 제4의 공간

이 공간은 개인의 정서적 안정과 심리적 휴식처로서도 중요한 역할을 하게 된다. 현대 사회는 끊임없는 연결과 소통을 요구하며, 개인적인 휴식 공간이 부족하다는 갈증을 느끼는 사람들이 늘고 있다. 제4의 공간은 단순한 이동 수단을 넘어 소음과 방해를 차단한 개인만의 안식처가 될 수 있으며, 이동 시간을 활용해 더 나은 삶의 질을 추구하는 데 도움을 줄 수 있다. 주거 공간의 개념 또한 변화하면서, 이동성과 지속 가능성을 고려한 새로운 형태의 주거 방식이 등장하게 된다. 도심의 높은 주거 비용과 공간 부족 문제를 해결하기 위해, 전기차와 이동식 주거공간이 결합된 '스마트 카-리빙' 개념이 발전할 가능성이 높다. 이러한 변화는 사람들이 한곳에 정착하는 것이 아니라, 필요에 따라 자유롭게 이동하며 생활하는 새로운 주거 형태를 가능하게 한다.

제4의 공간은 스마트 기술과 연결되어 더욱 지능적인 공간으로 발전하게 된다. AI와 IoT 기술이 결합되면서, 사용자의 기분과 일정, 건강 상태를 분석해 최적의 환경을 조성하는 '사용자 맞춤형 스마트 공간'이 될 것이다. 음성 명령이나 자동화 시스템을 통해 차량이나 이동식 공간이 스스로 사용자에 맞춰 변화하고, 필요에 따라 업무 공간, 휴식 공간, 혹은 엔터테인먼트 공간으로 전환될 수 있다.

결국, 제4의 공간은 현대인의 생활 방식을 변화시키는 중요한 요소로 자리 잡게 된다. 이동 중에도 생산적인 활동을 할 수 있고, 언제 어디서든 개인적인 휴식을 취할 수 있으며, 필요에 따라 업무 공간과 주거 공간으로 활용할 수 있는 '확장된 개인 공간'으로 자리매김할 것이다. 앞으로 제4의 공간은 기술과 결합해 점점 더 스마트해지고, 생활 전반을 아우르는 중요한 개념으로 발전하며, 사람들의 새로운 라이프스타일을 형성하는 핵심 공간이 될 것이다.

외부의 방해로부터 자유로운 독립된 공간

제4의 공간으로서의 전기차는 개인이 온전히 자신에게 집중할 수 있는 환경을 제공하며, 현대인이 필요로 하는 심리적 안정과 정서적 휴식의 공간이 되고 있다. 과거에는 이동 시간이 단순한 통행 과정에 불과했지만, 제4의 공간으로서의 전기차는 이 시간을 정서적 회복과 개인적인 리프레시를 위한 공간으로 변화시키고 있다. 자율주행 기술이 발전하면 운전에서 해방되어, 이동 중에도 명상을 하거나 음악을 감상하며 온전히 자신에게 집중할 수 있다. 출퇴근 시간 동안 단순히 교통체증 속에 갇혀 있는 것이 아니라, 책을 읽거나 영화를 감상하는 등 생산적이고 의미 있는 시간을 보낼 수 있다.

도시 환경에서는 언제나 소음과 자극이 가득하지만, 전기차는 내연기관차보다 훨씬 조용하여 개인이 집중하고 휴식을 취하기에 적합한 환경을 제공한다. 차 안은 단순한 이동 수단을 넘어서 소음과 방해로부터 차단된 독립적인 공간이 되어, 마치 이동하는 명상실이나 프라이빗 라운지 같은 역할을 하게 된다. 이러한 환경은 스트레스를 줄이고 심리적인 안정감을 높이는 데 기여한다.

AI와 IoT 기술이 결합되면서 전기차의 내부는 개인의 취향과 필요에 맞춰 자동으로 조정되는 '스마트 개인 공간'으로 진화하고 있다. 감성 조명을 통해 차분한 분위기를 조성하고, 개인 맞춤형 음악과 아로마 디퓨저를 통해 최적의 휴식 환경을 만들 수도 있다. 또한, 음성 명령이나 자동화 시스템을 통해 차량이 사용자의 기분과 일정에 맞춰 최적의 환경을 조성하는 것이 가능해지고 있다.

전기차는 단순한 실내 공간이 아니라, 자연 속에서도 활용할 수 있는 이동식 힐링 공간으로 확장되고 있다. 차박이 인기를 끌면서, 전기차는 언제든 자연 속에서 휴식할 수 있는 '이동하는 힐링 스팟'이 되고 있다.

결국, 전기차의 제4의 공간은 개인이 심리적 안정과 정서적 휴식을 취할 수 있는 필수적인 요소로 자리 잡아 가고 있다. 운전 부담이 사라지면서 온전히 자신에게 집중할 수 있는 환경이 조성되고, 이동 시간이 단순한 통행이 아닌 휴식과 정서적 회복의 시간으로 변화하며, 소음과 방해로부터 차단된 독립적인 공간이 제공되고, 스마트 기술을 통해 맞춤형 휴식과 힐링이 가능해지고 있다.

디지털 기술과
개인 공간의 변화

오후 8시, 아이의 학원이 끝날 시간이 가까워지면 A씨는 다시 차를 몰고 나설 준비를 해야 했다. 워킹맘인 그녀와 그녀의 남편은 서로 스케줄을 맞춰 육아를 하는데, 아이를 학원에서 데려오는 것은 그녀의 역할이었다. 집에서 학원까지는 차로 20분 남짓이었지만, 온종일 쌓인 피로 속에서 운전대를 잡는 일이 쉽지만은 않았다. 매일 같은 시간, 같은 경로를 오가며 학원 앞에서 아이를 기다리는 시간도 어쩌면 지루할 수 있는 일상이었다. 하지만 그날은 조금 달랐다.

그녀는 전기차를 타고 학원 앞 도착 시간에 맞춰 아이가 학원에서 나오는 출구가 보이는 곳으로 조용히 주차했다. 예전 같았으면 엔진을 켜놓고 공회전 상태로 기다리거나, 주변을 서성이며 무료한 시간을 보냈을지도 모른다. 하지만 최근에 전기차를 새로 구입하면서 기다리는 시간이 달라졌다.

전기차 안은 마치 작은 라운지처럼 고요하고 아늑했다. 차를 멈추자마자 릴렉스 시트를 편안하게 조절하고, 차량 디스플레이에서 스트리밍 앱을 실행했다. 최근에 보고 싶었던 드라마가 떠올랐다. 평소에는 집안일과 업무에 치여 제대로 앉아 볼 시간이 없었는데, 이 짧은 기다림의 순간이 오히려 좋은 기회처럼 느껴졌다. 차에서 제공하는 서라운드 스피커에서 흘러나오는 소리에 집중하며, 차분하게 드라마 속으로 빠져들었다.

드라마 속 주인공의 숨소리까지 들려오며 온전히 작품에 몰두할 수 있는 공간 속에서 느끼는 힐링의 시간, 어느새 이야기 속에 빠져들며 몰입하고 있던 차에 "똑똑" 소리가 들렸다. 고개를 돌리니 아이가 차창 밖에서 똘망똘망한 눈을 뜨고 웃으며 엄마를 바라보고 있었다.

문을 열어주자 아이가 차에 타며 말했다.

"많이 기다렸어? 미안, 끝나고 선생님이랑 면담이 있어서 좀 길어졌어."

A씨는 드라마를 멈추고 스트리밍 앱을 종료했다. 그러고는 아

이를 향해 미소를 지었다.

"아니야, 별로 안 기다렸어. 덕분에 보고 싶었던 드라마 재밌게 보고 있었지."

아이는 피곤한 듯 기지개를 켜며 궁금한 듯 물었다.

"뭐 봤는데?"

"말해도 모를걸? 요즘 엄마들 사이에서 난리인 드라마인데, 엄마도 드디어 따라잡고 있지."

차 안에는 가벼운 웃음이 번졌다. 언젠가부터 A씨에게 기다림은 더 이상 무료한 시간이 아니었다. 전기차는 단순한 이동 수단이 아니라, 바쁜 일상 속 작은 여유를 선물해주는 공간이 되어가고 있었다.

새로운 형태의 개인 공간 등장

디지털 기술의 발전 또한 개인 공간 부족 현상을 가속화하고 있다. 스마트폰, 메신저, 이메일 등은 사람들이 24시간 연결된 상태를 유지하도록 만들었으며, 일과 개인 생활의 경계를 흐리게 했다. 퇴근 후에도 업무 연락이 이어지고, 사회적 관계 속에서 혼자만의 시간을 가지기 어려워진 현대인들은 더욱 독립적인 개인 공간을 원하게 되었다.

이러한 흐름 속에서 자동차, 이동식 주거 공간, 프라이빗 오피스 등 새로운 형태의 개인 공간이 더욱 필요해졌다. 이는 단순히 외부와 차단되는 물리적 공간이 아니라, 개인이 온전히 자신에게 집중할 수 있는 '심리적 안정감'을 제공하는 공간으로 발전하고 있다. 결국, '제4의 공간'은 현대인이 혼자만의 시간과 독립적인 공간을 갈망하게 되면서 자연스럽게 등장한 필수적인 공간 개념이 되었다.

제4의 공간이 가지는 가장 큰 특징은 이동성과 유연성이다. 제4의 공간은 특정한 장소에 고정되지 않고, 필요에 따라 이동하고 변화할 수 있는 공간이다. 예를 들어, 전기차를 활용한 이동식 오피스, 휴식 공간, 모듈형 주거 공간 등은 기존의 공간 개념을 초월하여 활용될 수 있다.

이 공간의 또 다른 중요한 특징은 온전히 개인화된 독립적인 공간이라는 점이다. 집이나 직장은 개인 공간을 제공하긴 하지만, 가족이나 직장 동료와 공유해야 한다는 제약이 따른다. 반면, 제4의 공간은 개인의 취향과 필요에 따라 자유롭게 활용할 수 있는 공간으로 설계되며, 마음먹기에 따라 완전히 개인만을 위한 환경을 조성할 수 있다.

완전한 개인화 공간으로서의 역할

제4의 공간은 단순한 쉼터를 넘어, 개인의 필요에 따라 맞춤형으로 변화하는 완전한 개인화 공간으로 진화하고 있다. 업무, 휴식, 취미, 명상, 놀이 등 다양한 활동을 수행할 수 있는 이 공간은 사용자의 라이프스타일과 요구에 맞춰 유연하게 변신할 수 있어야 한다.

예를 들어, 전기차의 V2L 기능을 활용하면 차량 내부가 개인 맞춤형 이동식 오피스로 변화할 수 있으며, 조용한 카페나 헬스장 같은 공간이 일시적으로 제4의 공간 역할을 할 수도 있다. 또한, 디지털 기술과의 연결성은 개인화 공간의 핵심 요소다. 언제 어디서든 인터넷과 연결되는 환경이 중요해지고 있으며, 자율주행차의 보급이 확대되면 이동 중에도 업무를 보거나 콘텐츠를 소비하는 등 새로운 형태의 개인 공간 활용이 가능해진다.

오랫동안 자동차는 단순한 이동 수단으로 인식되어왔다. 하지만 기술의 발전과 사회적 변화는 자동차를 이동 수단 이상의 의미를 갖는 새로운 생활 공간으로 확장시키고 있다. 특히 전기차와 자율주행 기술은 자동차를 단순한 교통수단에서 벗어나, 기존의 주거 및 업무 공간을 보완하는 제4의 공간으로 변모시키는 핵심 동력이 되고 있다.

주차 중인 전기차 역시 기존의 고정된 공간과 차별화된 새로운 생활 방식을 제공할 수 있다. 이는 개인이 필요할 때마다 자유롭게 활용할 수 있는 '완전히 개인화된' 공간으로서의 역할을 수행하는 것이다.

이쯤 되면 어쩌면 집보다 차가 먼저 필요한지도 모르겠다.

"지금 집을 사는 건 무리예요. 대신 차 안은 제 공간이에요."

이 말을 한 33세 MZ세대 직장인은 자차를 구매한 이유에 대해 이렇게 말했다. 그는 주말이면 차를 몰고 교외로 나가 그 안에서 책을 읽고, 간단히 요리하고, 때론 유튜브도 편집한다. V2L 기능이 가능하게 만든 이 차 안의 생활은 단순한 캠핑이 아니다. 그것은 '나만의 방', 움직이는 서재, 온전한 자율성의 공간이다.

이 시대의 '디지털 노마드'는 책상과 공유 오피스만으로 정의되지 않는다. 전기차는 새로운 수렵 도구이자 거주지다. 바퀴 달린 집, 연결된 사적 공간이다. '내 집 마련'이라는 표현이 바뀌고 있다. 이제는 '내 공간 마련'이 먼저다. 이 변화는 단지 자동차가 바뀐 게 아니다. 사람들의 욕망과 우선순위가 바뀌고 있는 것이다. 그리고 그 변화는 이미 시작되었다.

결국, 제4의 공간은 단순히 이동하는 공간을 넘어, 개인의 요구에 따라 유동적으로 변화하고 다기능적으로 활용되며, 디지털 기술과 연결된 새로운 형태의 사적 공간을 의미한다. 현대 사회에서 개인 공간의 중요성이 더욱 커지는 만큼, 앞으로 제4의 공간은 더욱 다양한 형태로 발전하며 새로운 라이프스타일을 형성하는 핵심 요소가 될 것이다.

공간을 공유하는
경험으로

　'공간을 공유하는 경험'이 중요해진다는 것은 단순히 같은 장소를 사용하는 것이 아니라, 그 공간에서 이루어지는 상호작용과 경험이 더욱 의미를 갖게 된다는 것을 뜻한다. 과거에는 공간이 단순히 물리적인 장소로 기능했다면, 이제는 사람들이 그 공간에서 무엇을 경험하고, 어떤 가치를 공유하며, 어떻게 연결되는지가 더욱 중요한 요소로 자리 잡고 있다.

공간이 창출하는 경험의 가치

오늘날의 공간은 단순한 기능적 목적을 넘어 '경험을 창출하는 플랫폼'으로 변화하고 있다. 예를 들어, 스타벅스는 단순한 커피숍이 아니라 사람들이 머물며 소통할 수 있는 '제3의 공간(Third Place)'으로 자리 잡았고, 공유 오피스는 단순한 업무 공간이 아니라 협업과 네트워킹의 기회를 제공하는 환경으로 발전하고 있다. 과거의 사무실이 개별 기업의 독립적인 공간이었다면, 이제는 공유 오피스를 통해 다양한 사람들이 함께 일하며 시너지를 창출하는 것이 더욱 중요한 가치로 자리 잡고 있다.

거주 공간에서도 비슷한 변화가 일어나고 있다. 코리빙(Co-living) 트렌드는 단순히 집을 공유하는 것이 아니라, 라이프스타일과 가치관을 공유하는 형태의 거주 방식으로 변화하고 있다. 기존에는 집이 개인적인 공간으로 인식되었지만, 이제는 공유 주거를 통해 공동체적 가치를 추구하는 사람들이 늘어나고 있으며, 공간을 단순한 머무는 곳이 아니라, 함께 경험하고 성장하는 장소로 인식하는 흐름이 확산되고 있다.

경험과 감정이 공유되는 공간으로

이처럼 공간을 공유하는 경험은 단순히 장소를 나누는 것이 아니라, 사람들 간의 정서적 연결을 형성하는 역할을 한다. 공유 오피스에서 협업을 경험하는 것, 공유 주거에서 함께 생활하며 공동체 의식을 느끼는 것, 또한 지역 커뮤니티 단위에서 시행하고 있는 카셰어링사업 등은 이동 공간을 공유하며 새로운 네트워크를 형성하는 것 등 공간을 공유하는 과정에서 사람들은 새로운 관계와 경험을 형성하게 된다.

결국, 공간을 공유하는 경험이 중요해진다는 것은 공간이 단순한 물리적 장소에서 벗어나, 사람들과의 연결, 경험, 감정이 공유되는 장으로 변화하고 있다는 의미다. 현대 사회에서는 단순히 공간을 사용하는 것이 아니라, 그 안에서 어떤 경험을 하느냐가 더욱 중요해지고 있으며, 이는 공유 오피스, 코리빙, 모빌리티 서비스 등 다양한 형태로 확장되고 있다. 앞으로 공간을 공유하는 과정에서 사람들이 새로운 가치를 창출하고, 서로 연결되며, 더 나은 삶을 경험할 수 있는 방식으로 발전해나갈 것이다.

단순한 연결에서 가치 있는 시간으로

우리의 삶을 시간의 흐름 속에 녹여낸다고 가정할 때, 이동 시간은 상대적으로 짧은 시간으로 여겨왔다. 기존의 제1의 공간 (집), 제2의 공간(직장/학교), 제3의 공간(여가/사회적 공간)으로 구분되는 공간 개념에서, 이들 공간으로 이동하는 시간과 그 속의 공간은 별도로 정의된 적이 거의 없었다. 이동 시간은 단순히 공간과 공간을 연결하는 '빈 공간'으로 여겨지며, 실질적인 가치가 부여되지 않았다.

그러나 전기차의 발전과 자율주행 기술의 도입은 지금까지 간과했던 이동 공간의 가치를 새롭게 들여다보게 만들고 있다. 과거에는 이동 시간 동안 할 수 있는 일이 제한적이었지만, 전기차는 정숙성과 진동이 적은 쾌적한 환경을 제공하고, 자율주행 기술은 운전자의 개입을 최소화하여 이동 중에도 다양한 활동이 가능하도록 변화시키고 있다. 이러한 변화는 이동 시간의 비중을 획기적으로 늘리고, 그 시간을 보다 가치 있게 활용할 수 있는 가능성을 열어주고 있다.

자율주행 기술은 단지 운전대를 놓게 해주는 기능이 아니다. 그것은 인간에게서 잃어버린 시간을 돌려주는, 일종의 '타임머신'이다. 이동 시간이 다시 '나의 시간'이 되는 이 변화는 단순한 효율성의 개선을 넘어서, 시간 감각 자체를 바꾸는 경험이다.

예전에는 목적지에 도달하기 위해 감수해야 했던 대기와 긴장, 지루함이 이제는 회복의 시간, 몰입의 시간, 혹은 새로운 연결의 시간이 된다. 스마트폰이 주머니 속 도서관과 사무실이 되었듯, 자율주행차는 이동 중에 나만의 서재, 업무실, 휴식공간으로 바뀌며 '이동의 의미'를 다시 쓴다. 그리고 이 새로운 시간 감각에 길들여진 사람은 다시 예전으로 돌아가고 싶지 않게 된다. 기술이 바꾸는 건 결국 '감각'이고, 그 감각이 우리가 머무는 공간과 시간을 다시 정의한다.

교통 기술의 발전과 생활 반경의 확장

건축학자 유현준 교수는 자신의 저서 《어디서 살 것인가》에서 고속도로의 발전이 결과적으로 '공간을 압축적으로 사용할 수 있는 가능성'을 열어주었다고 말한다. 이는 교통수단의 발전이 물리적 거리를 단축시키고, 생활권의 범위를 확장시킨다는 점을 잘 보여준다. 고속도로, KTX, 비행기와 같은 교통수단의 발전은 서울-부산, 서울-제주를 일일 생활권 안에 두게 하며, 인간의 삶의 반경을 확장시키는 역할을 했다.

고속도로의 발전이 '공간을 압축적으로 사용할 수 있는 가능성'을 열어주었다는 말은, 물리적인 거리의 한계를 줄이고 사람들이 생활할 수 있는 범위를 확장했다는 의미를 가진다. 과거에는 지역 간 이동에 많은 시간이 소요되었지만, 고속도로가 생기면서 먼 거리도 짧은 시간 안에 이동할 수 있게 되었다. 이는 곧 공간을 더욱 효율적으로 활용할 수 있도록 만들었으며, 생활권의 개념을 변화시키는 계기가 되었다.

교통 인프라의 발전과 공간 활용의 변화

과거에는 직장과 주거지가 가까운 곳에 위치해야 했지만, 교통 인프라가 발전하면서 사람들이 보다 넓은 범위에서 거주지를 선택할 수 있게 되었다. KTX와 광역철도의 개통으로 수도권뿐만 아니라 강원, 충청권에서도 출퇴근하는 사람들이 생겨나는 등 교통망의 확장은 일상의 풍경을 크게 변화시켰다.

KTX의 발전이 서울과 부산을 1일 생활권으로 만든 것처럼, 교통망의 발전은 특정 지역에 집중되었던 경제, 문화, 주거의 개념을 확장시키고, 공간 활용의 가능성을 극대화하는 역할을 해왔다. 이러한 변화는 단순히 이동 시간을 단축하는 데 그치지 않고,

새로운 형태의 도시 개발, 물류 시스템의 효율화, 출퇴근 문화의 변화 등 사회 전반에 걸쳐 영향을 미쳤다. 결국, 교통 인프라의 발전은 사람들이 공간을 활용하는 방식을 더욱 압축적이고 효율적으로 변화시키면서, 우리가 생활하는 공간의 개념을 다시 정의하는 중요한 역할을 하고 있다.

이제, 전동화 시대와 자율주행 기술의 발전은 이러한 공간 활용의 개념을 한 단계 더 진화시키고 있다. 전기차는 저렴한 유지비와 충전 인프라 확산을 통해 이동 거리의 제약을 줄여주고, 자율주행 기술은 이동하는 과정 자체를 보다 적극적으로 활용할 수 있도록 만들고 있다. 이동 시간이 단순한 연결의 수단이 아니라, 업무를 처리하거나 콘텐츠를 소비하는 등 개인의 삶의 질을 높이고 경제적 가치를 창출하는 시간으로 전환되고 있는 것이다.

특히, 자율주행차가 보편화되면 이동의 개념이 더욱 압축적이고 유연하게 변화할 것이다. 예를 들어, 출퇴근길이 단순한 이동이 아닌, 업무 공간으로 활용될 수 있으며, 장거리 이동도 휴식이나 생산적인 활동이 가능한 새로운 형태의 경험으로 변화할 것이다. 이렇게 전기차와 자율주행 기술이 결합되면서, 물리적인 거리와 이동의 제약이 상대적으로 압축되는 효과를 가져올 것이다.

교통 인프라의 발전과 함께 전기차와 자율주행차가 본격적으로 자리 잡게 되면, 단순히 '이동'이라는 개념을 넘어서 공간 활용의 방식 자체를 변화시키는 혁신이 일어나게 될 것이다. 이는 도시와 생활권의 경계를 허물고, 새로운 라이프스타일을 정착시키는 중요한 요소로 작용할 것이다.

이동 시간이 창출하는 경제적 가치

'시간은 돈이다'라는 말처럼, 우리가 할애하는 시간과 공간은 경제적 가치와 밀접하게 연결되어 있다. 이동 중인 시간, 즉 제4의 공간은 더 이상 단순한 연결 통로가 아니라, 보다 가치 있는 활동으로 채워질 수 있는 중요한 공간으로 변모하고 있다. 이 공간은 고정된 것이 아니라, 이동하면서도 생산성과 여가를 동시에 누릴 수 있는 다차원적 공간으로 자리 잡고 있다. 전기차와 자율주행 기술은 이동 시간을 단순한 소비에서 투자로 전환시키고 있다. 과거에는 이동 시간 동안 할 수 있는 일이 제한적이었지만, 자율주행 기술이 가능해지면서 차량 내부가 보다 생산적이고 다목적으로 활용되는 공간으로 변화하고 있다.

이동 중 업무 환경은 이제 단순한 개념이 아니라 현실이 되고 있다. 차량 내부는 더 이상 단순한 이동 수단이 아니라 이동식 사무실로 변모하고 있다. 자율주행 기술 덕분에 운전에서 해방된 사용자는 이동 중에도 온라인 회의에 참여하거나 문서를 작성하고, 기획 회의를 진행할 수 있다. 이는 기존에 사무실에서만 가능했던 업무를 차량 내부에서도 수행할 수 있도록 하여, 시간과 장소의 제약을 극복하는 혁신적인 변화를 가져오고 있다.

또한, 전기차는 고속 인터넷 연결, 대형 디스플레이, 고품질 음향 시스템 등을 통해 차량을 개인화된 엔터테인먼트 공간으로 변화시키고 있다. 유튜브나 넷플릭스 같은 스트리밍 서비스를 자유롭게 즐길 수 있으며, 게임이나 음악 감상, 오디오북 청취 등 다양한 여가 활동이 이동 중에도 가능해졌다. 이동 시간이 단순히 목적지에 도달하기 위한 과정이 아니라, 개인의 취향과 라이프스타일을 반영할 수 있는 의미 있는 시간으로 변모하고 있는 것이다.

자율주행 전기차의 상업적 활용 가능성

전기차의 정숙성과 안정감 있는 주행 환경은 휴식과 재충전을 위한 최적의 공간을 제공한다. 긴 이동 시간 동안 운전자의 개입이 줄어들면서, 차 안에서 편안하게 잠을 자거나 명상을 통해 스트레스를 해소할 수 있다. 기존에는 장거리 이동이 피로를 축적하는 과정이었다면, 이제는 오히려 에너지를 회복하고 정신적으로 안정될 수 있는 공간이 되고 있다.

이뿐만 아니라, 자율주행 전기차가 보편화되면 차량 내부는 광고 및 상업적 활용이 가능한 공간으로 확장될 것이다. 실시간 쇼핑이 가능해지고, 개인 맞춤형 광고가 제공되며, 차량 내 엔터테인먼트 서비스가 새로운 수익 창출 모델로 자리 잡을 것이다. 예를 들어, 자율주행 차량이 특정 목적지로 이동하는 동안 사용자는 차량 내 디스플레이를 통해 쇼핑을 하거나, 개인 맞춤형 광고를 시청하며 개인화된 공간 속에서 새로운 브랜드 경험을 할 수 있게 된다.

자율주행과 전기차의 결합은 단순한 기술 발전을 넘어 이동 시간의 개념 자체를 변화시키는 혁신적인 전환점이 되고 있다. 더 이상 이동 시간은 비효율적인 대기 시간이 아니라, 업무, 여가, 휴식, 그리고 새로운 경제적 기회를 창출하는 제4의 공간으로 자리잡고 있다.

이동 시간의 새로운 가치: 투자하는 시간으로의 전환

이제 이동 시간은 더 이상 낭비되는 시간이 아니라, 적극적으로 투자하는 시간으로 변화하고 있다. 전기차와 자율주행 기술이 제공하는 쾌적한 이동 환경과 자유로운 활동은 이동 시간을 더욱 가치 있는 시간으로 전환시키며, 이는 단순히 개인의 편의성을 넘어 사회 전반의 생산성과 효율성을 향상시키는 데 기여하고 있다.

이동 시간이 길어질수록, 그 공간은 단순한 연결의 수단을 넘어 더욱 창의적이고 생산적인 활동으로 채워질 수 있는 기회의 공간이 된다. 이는 곧 이동 중인 공간이 고정된 공간보다 더 큰 잠재력을 지닌다는 것을 의미한다. 전기차는 내연기관차와 달리 정차 중에도 조용하고 쾌적한 환경을 제공한다. 영업사원은 거래처 방문 대기 시간 동안 차량 내부를 이동식 사무실로 활용해 이메일을 작성하거나 보고서를 검토할 수 있으며, 아이를 학원에 데려다주는 부모는 차량 안에서 영화를 보거나 음악을 들으며 휴식을 취할 수 있다.

이러한 사례들은 자율주행 기술이 상용화되지 않더라도 전기차가 이미 공간 활용의 자유로움과 그 효율성을 제공하고 있음을 잘 보여준다. 이동 중이 아니더라도 차량 자체가 가치를 창출하는 공간이 될 수 있다는 점은 전기차가 가지는 독특한 상점이다. 자율주행이 본격적으로 상용화된 미래에는 이러한 이동 공간의 잠재력이 더욱 확장되어, 차량 내부가 업무와 여가, 심지어 개인 창의성을 실현할 수 있는 플랫폼으로 자리 잡게 될 것이다.

전기차, 개인의 창의성 실현 플랫폼으로 변화

이동 공간은 이제 새로운 아이디어와 가치를 창출할 수 있는 중요한 플랫폼이 되고 있다. 현대 사회에서 이동이 단순한 과정이 아니라, 의미 있는 활동이 이루어지는 공간으로 변모하면서, 우리는 이 공간을 어떻게 활용할 것인지, 그리고 그 안에서 어떤 새로운 가치를 만들어낼 수 있을지를 더욱 깊이 고민해야 한다. 이러한 변화는 결국 제4의 공간이 단순한 이동 공간이 아니라, 우리의 삶과 경제에 깊이 연결된 필수적인 공간으로 자리 잡게 만드는 중요한 과정이 될 것이다.

제4의 공간이 더 이상 단순한 연결 통로가 아니라, 더 가치 있는 활동으로 채워질 수 있는 중요한 공간으로 변모하고 있다는 말은, 이동 중인 공간이 단순히 출발지와 도착지를 연결하는 수동적인 공간이 아니라, 적극적으로 활용할 수 있는 생산적이고 의미 있는 공간으로 변화하고 있다는 의미를 가진다. 즉, 이동하는 동안에도 생산성과 효율성을 극대화할 수 있는 가능성이 열리면서, 단순한 이동의 개념을 넘어 새로운 가치를 창출할 수 있는 공간으로 자리 잡고 있다. 이는 미래의 모빌리티 환경이 단순한 교통수단을 넘어, 인간의 삶을 더욱 풍요롭게 만드는 플랫폼으로 진화하고 있음을 의미한다.

CHAPTER
3

자율주행 시대와
새로운 비즈니스 모델

교외 지역 부동산
가치의 재평가

　서울살이 35년. 결혼을 하고, 아이를 낳기 전까지 나는 서울을 벗어나 사는 건 상상조차 하지 않았다. 서울을 한번 떠나면 다시는 돌아올 수 없을 거라는 막연한 두려움, 무슨 일이 있어도 서울 안에 내 자리를 지켜야 한다는 이상한 강박 같은 게 있었다. '서울 주소'라는 게 일종의 사회적 자산처럼 느껴지던 시절이었다.

　그런 내가 서울을 떠나 판교로 이사하게 된 건, 사실 선택이라기보단 가정의 평화를 위한 불가피한 결정이었다. 낮에는 회사 일, 저녁에는 대학원 수업과 사회 모임으로 바쁜 남편이었던지라 아내는 주중에는 꼼짝없이 독박육아를 해야 하는 현실에서, 조금이라도 도움을 받을 수 있는 처가와 가까운 곳을 원했다. 결국 장고 끝에 아이와 아내를 위해 서울 밖으로 나서긴 했지만, 그 대가로 서울로의 출퇴근 스트레스는 내 몫이 되었다.

처음에는 많이 버거웠다. 서울 안에서 대중교통으로 이동하던 시절에도 출퇴근 편도 1시간은 당연하게 감수하던 시간이었다. 삼성동 집에서 신촌을 오가던 학생시절, 그리고 시청을 오가던 직장인 시절에도 편도 1시간은 걸리는 상황이었으니 그 시절도 만만치 않았었지만, 그래도 '서울 안에서 움직이는 거니까'라는 이상한 위안이 있었다. 서울 안에서는 아무리 길어도 견딜 수 있다는 묘한 심리적 안정감.

그런데 판교에서 서울로 넘어가는 건 그 느낌이 사뭇 달랐다. 물리적 거리보다, 서울 '밖'이라는 심리적 경계가 만들어내는 부담감이 더 컸다. 스스로도 모르게 '내가 이렇게까지 하면서 서울로 직장을 다녀야 하나' 싶은 피해자 모드가 발동되곤 했다. 다행히 어느 순간부터는 차량으로 출퇴근을 하면서 이러한 부담도 살짝 내려놓긴 했지만, 여전히 멀게 느껴지는 건 마찬가지였다.

그런데 이 흐름을 완전히 바꾼 계기가 있었으니, 바로 전기차, 그중에서도 테슬라였다. 완벽한 자율주행은 아닌 주행보조 수준이라고는 하지만, 신뢰할 수 있는 오토파일럿을 켜고 편안하게 앉아 좋아하는 음악을 듣거나, 멀티미디어를 맘껏 활용하고, 간간이 바깥 경치도 둘러보고 생각을 정리하며 출퇴근하다 보니, 그 긴 거리가 어느새 내게는 일과 생활을 이어주는 자연스러운 연결 시간이 되어버렸다. 차 안은 '이동하는 스트레스 공간'이 아니라 움직이는 개인집무실로 바뀌었고, 출퇴근길은 오롯이 나를 위한 충전과 투자시간이 되었다.

기름 값 걱정도 적어졌고, 교통체증마저 더는 원망스럽지 않았다. 그러면서 문득 이런 생각이 들었다. '굳이 서울에서 복작복작 살아야 할 이유가 있을까?' 서울과 판교 사이의 물리적 거리는 변함없지만, 전기차와 자율주행 기술 덕분에 그 거리는 더 이상 스트레스의 대상이 아니었다. 오히려 서울이냐 판교냐는 단순한 '주소 문제'로 느껴질 정도였다. 이런 변화가 더 많은 사람들에게 확산된다면, 부동산 가치의 기준도 달라질 수밖에 없다. 물리적 거리보다 중요한 건 이동 시간의 질과 그 안에서 누릴 수 있는 삶의 질이 되는 시대. 그 변화의 시작점에, 전기차라는 새로운 모빌리티가 있다.

출퇴근 개념의 변화와 교외 부동산 가치 상승

전통적으로 도심의 부동산 가격이 높은 이유 중 하나는 직장과의 물리적 거리가 가까울수록 이동 시간이 줄어들기 때문이다. 하지만 자율주행 기술이 보편화되면 출퇴근 시간이 단순한 이동이 아니라 업무, 휴식, 오락을 즐길 수 있는 생산적인 시간으로 바뀌게 된다. 이에 따라, 교외 거주지에 대한 수요가 증가하면서 기존에 출퇴근 시간이 길어 선호도가 낮았던 외곽 지역의 부동산 가치가 변동할 가능성이 높다.

기존 부동산 시장에서 교외 지역은 도심 대비 접근성이 낮아 가치가 상대적으로 낮았다. 하지만 자율주행 기술과 전기차 충전 인프라가 확충되면서 교외 지역의 부동산 가치가 다시 한번 재평가될 가능성이 크다. 예를 들어, 한국에서 서울과 수도권 지역이 높은 부동산 가치를 형성하는 주요 이유 중 하나는 대중교통과 도로망이 잘 구축되어 있기 때문이다. 하지만 자율주행 전기차가 활성화되면 기존 대중교통과의 접근성 위주로 주목받던 부동산 시장의 가치부여방식에 변수가 생길 수 있고, 서울 외곽이나 지방 도시에서도 도심과 유사한 생활 환경을 제공할 수 있게 되어, 부동산 개발의 중심이 수도권을 벗어나 보다 넓은 지역으로 확장될 수 있다. 이러한 변화는 교외 거주자들에게 기존의 높은 집값 부담을 덜면서도, 도심 생활의 편리함과 독립적인 공간 활용의 가능성을 동시에 제공할 수 있다는 점에서 중요한 의미를 가진다.

미국을 비롯한 여러 국가에서 전기차 충전 인프라가 부동산 시장에서 새로운 프리미엄 요소로 인식되고 있으며, 일부 지역에서는 충전 시설이 잘 갖춰진 부동산이 더 높은 가치를 평가받는 경향을 보이고 있다. 한국에서도 대형 아파트 단지 내 전기차 충전소가 확보된 주차 공간의 거래가 빠르게 이루어지는 사례가 있으며, 건설사들이 전기차 충전 인프라를 주요 부동산 경쟁력 요소로 고려하는 움직임이 나타나고 있다. 이는 전기차 충전 인프라가 향후 주거 공간의 가치를 결정하는 중요한 요인 중 하나로 자리 잡을 가능성을 시사한다.

자율주행 전기차의 발전은 도심과 교외의 경계를 흐리며 새로운 생활 방식을 만들어가고 있다. 과거에는 출퇴근 시간이 도심과 교외의 거주 패턴을 결정짓는 중요한 요소였다. 하지만 자율주행 전기차의 등장으로 출퇴근 개념이 변화하고 있으며, 이동 시간이 단순한 수단이 아니라 생산성과 여가가 결합된 가치 있는 시간으로 전환되고 있다.

교외 지역의 재편: 자율주행과 스마트 시티의 결합

알렉스는 매일 아침 6시에 눈을 떴다. 하지만 그는 다른 사업가들처럼 서둘러 차를 몰고 사무실로 향하지 않았다. 대신 침대에서 일어나 커피 한 잔을 들고 여유롭게 옷을 갈아입었다. 그의 차, 완전 자율주행이 가능한 전기차는 이미 그의 출근 스케줄을 알고 있었고, 6시 30분에 맞춰 아파트 지하 주차장에서 대기하고 있었다. 알렉스가 차에 올라타자, 차량 시스템이 자동으로 인사를 건넸다.

"굿모닝, 알렉스. 오늘 첫 번째 회의는 오전 8시입니다. 목적지까지 예상 도착 시간은 45분입니다. 커피 머신을 가동할까요?"

그는 가볍게 웃으며 "응"이라고 대답한 뒤, 뒷좌석으로 몸을 기울였다. 시트가 자동으로 편안한 자세로 조정되었고, 차량 내 내장된 커피머신에서 따뜻한 에스프레소 한 잔이 완성되었다. 차는 부드럽게 도로로 나섰고, 알렉스는 차량 내 디스플레이를 실행시키고 밤사이 도착한 메시지를 확인하기 시작했다. 자율주행 덕분에 그의 출근 시간은 단순한 이동이 아닌, 하루를 준비하는 생산적인 시간이 되었다. 이동 중에 비서와 화상 회의를 하고, 투자 보고서를 검토하며, 간단한 이메일 답장도 마쳤다. 도심의 아침 러시아워 속에서도 그는 바쁘게 업무를 시작했다.

사무실에 도착하고, 로비 앞에서 내리자 차는 자동으로 지하 주차장으로 이동했고, 알렉스는 내리면서 커피잔을 비웠다. 직원들과의 미팅을 마친 후, 그는 곧장 점심 약속이 잡힌 레스토랑으로 향하고자 했다. 역시나 그가 운전할 필요는 없었다. 차가 자율주행으로 레스토랑까지 이동하는 동안, 그는 짧은 명상 세션을 가졌다. 차 안의 조명이 은은하게 변하며, 도시의 분주함과는 동떨어진 평온한 공간이 만들어졌다.

오후 일정은 외근이 많았다. 도심 곳곳을 이동하며 미팅을 해야 했지만, 그는 더 이상 교통 체증이나 주차 걱정을 하지 않았다. 차가 스스로 목적지까지 그를 데려다주고, 미팅이 끝나면 다시 그를 데리러 오도록 호출할 수 있었기 때문이다. 어느새 차량은 그에게 단순한 이동 수단이 아니라, 사무실이자 휴식 공간이자 회의실이 되었다.

하루 일정을 마무리할 무렵, 그는 친구와의 저녁 약속을 위해 바에서 와인을 한 잔 마셨다. 예전 같았으면 대리운전을 부르거나, 택시를 타야 했겠지만, 이젠 걱정할 필요가 없었다. 그의 자동차가 알아서 바 앞까지 와 있었고, 그는 편안히 뒷좌석에 앉아 집으로 돌아갔다. 차 안에서 그는 가벼운 재즈 음악을 틀었다. 눈을 감고 오늘 하루를 돌아보며, 그는 문득 생각했다.

"예전엔 차를 운전하며 시간을 낭비했는데, 이제는 차 안에서 진짜 내 시간을 보낼 수 있구나."

이동이라는 개념이 완전히 바뀐 시대. 그는 더 이상 도로 위에서 스트레스를 받지 않았다. 출퇴근길이 곧 사무실이 되고, 차 안이 곧 휴식과 힐링 공간이 되었다. 이제 알렉스의 하루는 자동차를 몰며 보내는 시간이 아니라, 온전히 자신을 위해 사용하는 시간이 되었다.

자율주행이 만든 새로운 하루

앞의 이야기는 가상의 스토리다. 하지만 자율주행 기능(FSD)이

승인된 미국 일부 지역에서는 테슬라 사용자들이 매일 이동 중에 자유롭게 화상회의를 진행하거나 이메일을 확인하는 등 업무를 수행하는 것이 이미 현실화되고 있다. 이 외에도 다양한 국가에서 자율주행 모드를 활용해 이동 중 스트리밍 서비스를 시청하며 휴식을 취하는 사례도 증가하고 있다. 이러한 변화는 교외에 거주하는 사람들이 도심보다 낮은 주거 비용과 넓은 생활 공간을 누리면서도 도심과 유사한 수준의 편리함과 생산성을 유지할 수 있도록 돕는다.

자율주행 전기차 시대의 도래와 함께 스마트 시티가 구축되면서, 교외 지역은 더 이상 도심의 부속 공간이 아니라 독립적인 생활 공간으로 재편될 가능성이 높아지고 있다. 이는 교외 지역의 스마트 인프라와 전기차 기술이 결합하면서 새로운 '모빌리티 허브'를 형성하는 방식으로 발전하고 있다. 전기차 충전소, 자율주행 차량 공유 서비스, 스마트 주차장 등이 결합된 모빌리티 허브는 교외 지역의 접근성을 높이고, 단순한 이동 공간을 넘어선 새로운 생활 공간으로서의 가치를 제공한다. 이러한 허브는 단순히 차량을 충전하는 장소를 넘어, 소규모 이동식 카페, 팝업 스토어, 업무 공간 등의 기능을 추가하면서 다기능 복합 공간으로 확장되고 있다.

자율주행차 보급과 주차 공간의 변화

자율주행차가 보급되면 주차 공간의 필요성이 크게 줄어들게
된다. 현재 도심의 많은 공간이 주차장으로 활용되고 있지만, 자
율주행 기술이 자리 잡으면 차량이 사용 후 스스로 이동하여 외
곽 지역에 주차하거나, 공유 차량 시스템이 발달하면서 부동산
지가가 높은 도심 속 주차 공간 확보의 필요성이 감소할 것이다.
이는 도심 내 기존 주차장 부지를 재개발하는 계기로 작용할 것
이며, 주차장을 대체할 오피스, 주거, 상업 시설 등의 개발이 활발
해질 가능성이 높다.

전기차와 자율주행차가 보편화되면 기존의 주거 단지 설계 방
식도 변화를 맞이할 것이다. 현재의 아파트나 단독주택은 주차
공간을 필수적으로 고려해야 하지만, 미래에는 개별 주차 공간
이 줄어들고 공유 주차장이 대체하면서 건물 설계의 유연성이 증
가할 것이다. 특히 전기차 충전 인프라가 주거지와 밀접하게 연
결되면서, 충전 설비를 갖춘 부동산의 가치가 상승할 가능성이
높다.

전기차 공간 활용의 확장성과 비즈니스 기회

전기차의 공간 활용 능력은 단순히 거주 공간 확장에만 국한되지 않고, 새로운 비즈니스 기회를 창출하는 데에도 기여한다. 예를 들어, 전기차를 활용한 이동식 카페는 차량 내부의 안정적인 전력 공급과 넓은 공간 설계를 활용할 수 있고, 주변 공간 활용을 통한 확장 등을 활용해 고객들에게 차별화된 경험을 제공할 수 있다. 특히, 2025년 내 출시 예정인 기아자동차의 PV5와 같은 특수목적형 전기차는 단순한 여가용 활용을 넘어 이동식 카페, 팝업 쇼룸, 푸드트럭 등 다양한 상업적 공간으로 활용될 가능성을 제시한다. 이러한 차량들은 공간 활용의 유연성을 극대화하며, 상업 및 서비스 업계에 새로운 혁신을 가져올 수 있다.

자율주행과 전기차 시대가 본격화되면 전통적인 쇼핑몰과 상업시설의 역할도 변하게 된다. 기존에는 소비자들이 쇼핑몰이나 대형 마트를 방문하는 패턴이 일반적이었지만, 자율주행차와의 연계가 강화되면 차량 내에서 쇼핑을 즐길 수 있는 '이동식 상점' 모델이 활성화될 가능성이 크다. 또한, 자율주행 택시나 카셰어링 서비스가 증가하면, 기존 대중교통 중심의 환승센터 대신 '모빌리티 허브'가 새로운 거점으로 자리 잡게 될 것이다. 이 모빌리티 허브는 전기차 충전, 공유 차량 대기, 업무 공간, 휴식 공간 등이 결합된 형태로, 기존 부동산 시장에서 교통 요충지 개념을 새롭게 정의할 것이다.

자율주행 전기차가 바꾸는 주거·경제 패턴

자율주행 전기차 시대에는 주거지와 직장이 분리되는 기존의 패턴이 변화할 가능성이 있다. 지금까지는 직장과 주거지가 가깝거나, 대중교통이 편리한 곳이 선호되었지만, 자율주행 기술이 보편화되면 굳이 출퇴근 거리를 고려하지 않아도 되는 상황이 올 수 있다. 이는 사람들이 거주지를 선택할 때 '가격 대비 가치'를 더욱 중요하게 생각하도록 만들며, 기존의 도심 중심 생활 패턴을 분산형 모델로 변화시킬 것이다.

전기차와 스마트 시티의 결합은 교외와 도심 간의 연결성을 강화하면서, 집중적인 도심 생활에서 분산된 네트워크 형태로의 전환을 촉진한다. 이는 교외 지역에 스마트 인프라를 구축하고, 전기차 기반의 생활 모델을 도입하면서 새로운 경제적 중심지를 창출할 가능성을 열어준다. 특히, 자율주행 기술이 적용된 전기차는 교외에서도 도심과 유사한 수준의 생산성과 생활 편의성을 제공하여 지역 균형 발전에도 기여할 수 있다.

자율주행 전기차의 보급이 가속화됨에 따라, 도심 중심의 주거·경제 패턴은 보다 유연하게 변화할 가능성이 크다. 자율주행이 제공하는 편리한 이동 환경은 기존의 출퇴근 부담을 줄이며, 도심에서 멀리 떨어진 지역에서도 충분한 생활 편의성을 누릴 수 있는 환경을 조성할 것이다. 이는 교외 지역이 단순한 주거 지역이 아니라, 자율주행 전기차와 스마트 인프라를 기반으로 한 새로운 생활 중심지로 자리 잡을 수 있음을 의미한다. 교외에서도 생산성과 여가가 결합된 라이프스타일이 가능해지면서, 도시의 구조는 더욱 유연하게 변화할 것이다.

전기차와 자율주행이 재편하는 부동산 시장

전기차와 자율주행 기술이 본격적으로 도입되면서 기존 부동산 시장의 가치 평가 방식이 근본적으로 변하고 있다. 도심과 교외의 가치 격차가 줄어들고, 주차 공간 활용 방식이 바뀌며, 이동이 곧 생활의 일부가 되는 패턴이 자리 잡게 될 것이다. 이러한 변화는 단순히 새로운 기술이 도입되는 것을 넘어 사람들이 공간을 활용하는 방식 자체를 재편하며, 부동산 개발과 투자 전략에도 큰 영향을 미칠 것으로 전망된다. 앞으로 부동산 시장은 이러

한 변화를 반영하여 새로운 주거 및 상업 공간 모델을 만들어 나
갈 필요가 있다.

결국 자율주행 전기차 시대는 도심과 교외의 경계를 허물며,
사람들이 원하는 환경에서 보다 자유롭게 생활할 수 있는 새로운
시대를 열어가고 있다. 앞으로 스마트 시티와 결합한 전기차 기
술이 더욱 발전하면서 도심과 교외의 관계는 지금보다 훨씬 유기
적이고 융합된 형태로 변화할 것으로 기대된다.

전기차 시대,
도시 공간과 생활 방식의
대전환

전기차의 도입은 도시 환경을 근본적으로 변화시키며, 대기 질 개선, 소음 감소, 교통 인프라 변화, 그리고 도시 공간 활용 방식의 전환 등 다양한 방면에서 지대한 영향을 미칠 것이다. 기존의 내연기관차 중심에서 벗어나 전기차 기반의 친환경 모빌리티 시스템이 자리 잡게 되면서, 도시의 모습과 생활 방식에도 큰 변화가 예상된다.

전기차의 가장 큰 장점 중 하나는 탄소 배출이 없다는 점이다. 기존 내연기관차는 연료 연소 과정에서 이산화탄소(CO_2), 질소산화물(NO_x), 미세먼지(PM) 등을 배출하며, 이는 도시 대기 오염의 주요 원인이었다. 하지만 국제에너지기구(IEA)의 보고서에 따르면, 전기차의 보급률이 높은 도시에서는 이산화탄소 배출량이 더 감소하는 효과가 나타났다. 중국 선전시는 1만 6,000대에 달하는 시내버스를 모두 전기차로 교체한 결과, 연간 44만 톤의 이산화탄소 배출을 줄였으며, 공기 질이 크게 개선되었다. 한국에서도 서울과 주요 도시에서 전기버스와 전기택시 보급을 확대하면서, 미세먼지 농도를 줄이는 데 기여하고 있다. 전기차의 확산이 가속화될수록 도시의 대기 질은 더욱 개선되고, 호흡기 질환 발병률이 낮아지는 등 건강에도 긍정적인 영향을 미칠 것이다.

또한 전기차의 보급은 도시 내 소음 공해를 현저히 감소시킬 것이다. 도심에서 발생하는 소음의 상당 부분은 내연기관차의 엔진과 배기음에서 비롯되지만, 전기차는 엔진이 없어 조용한 주행이 가능하다. 이에 따라 주거 지역과 상업 지역의 소음 공해가 줄어들면서 보다 쾌적한 환경이 조성될 것이다. 특히 야간 배달 차량이나 오토바이, 대중교통 수단 등이 전동화로 전환될 경우, 심야 시간대의 교통 소음이 줄어들어 도심 내 거주 환경이 더욱 개선될 것이다.

실제로 교통 소음은 수면 질 저하, 스트레스 증가, 심혈관계 질환 위험 증가와 밀접한 관련이 있으며, 도심 내 교통량이 많은 지역에서는 소음 저감이 중요한 요소로 작용할 수 있다. 이에 따라 전기차의 보급 확대는 단순한 친환경 이동수단의 변화뿐만 아니라, 도심 생활의 질을 높이는 요소로도 작용할 가능성이 크다.

지속 가능한 에너지 생태계의 구축

전기차의 확산은 스마트 시티와 연계된 친환경 도시 개발에도 중요한 역할을 할 것이다. 전기차 충전소와 재생에너지(태양광, 풍력) 발전 시스템이 결합되면서 지속 가능한 에너지 생태계가 구축될 가능성이 높다. 차량 데이터를 활용한 스마트 교통 시스템이 도입되면 실시간 교통 흐름을 분석하고 최적화하여 도심의 교통 혼잡을 줄이는 데도 기여할 것이다. 특히 V2G(Vehicle-to-Grid) 기술을 통해 전기차 배터리가 전력망과 연결되면 도시 전체의 전력 소비를 조절하는 중요한 자원으로 활용될 수도 있다.

결과적으로, 전기차는 단순한 교통수단을 넘어 도시 환경을 더욱 친환경적이고 효율적으로 변화시키는 핵심 요소가 될 것이다. 대기 질과 소음 공해 개선, 새로운 충전 인프라 도입, 주차 공간의 효율적 활용, 그리고 스마트 시티와의 연계까지, 전기차의 도입은 도시의 지속 가능성을 높이는 중요한 계기가 될 것이다. 이러한 변화가 본격적으로 이루어지면 미래의 도시는 지금과는 전혀 다른 모습으로 진화할 것이며, 전기차는 이러한 변화를 주도하는 중심축 역할을 하게 될 것이다.

전기차와 스마트 시티가 만드는 도시 재구조화

전기차와 자율주행 기술은 기존의 도시 구조를 변화시키며 분산형 네트워크 도시의 가능성을 열어가고 있다. 기존 도시는 직주근접(직장과 거주지가 가까운 환경)을 중심으로 설계되었으며, 사람들이 도심으로 집중되는 구조였다. 하지만 전기차와 자율주행 기술의 발전은 이러한 기존 도시 구조를 재편하며, 교외에서도 생산적인 활동이 가능하도록 만드는 기반을 마련하고 있다.

기존의 도시 구조는 도심 중심으로 경제 활동이 집중되는 형태였다. 그러나 전기차와 자율주행 기술의 발전이 도시의 이동 방식을 혁신하며, 기존의 집중형 도시에서 다중 중심 도시(multicentric city)로의 전환을 촉진하고 있다. 교통망과 모빌리티 기술이 발전할수록 도심과 교외의 물리적·심리적 경계가 점차 허물어지고 있으며, 전기차와 자율주행 기술은 이 변화를 더욱 가속화하는 핵심 요소로 자리 잡고 있다.

핀란드 헬싱키에서 운영 중인 'Jätkäsaari Mobility Lab'은 스마트 모빌리티 솔루션을 실험하고 도시 내 이동성을 개선하기 위한 테스트베드로 활용되고 있다. 이 프로젝트는 전기차와 자율주행 기술을 활용한 새로운 교통 시스템이 기존 대중교통망을 보완하고, 이동이 불편했던 지역에서도 접근성을 향상시키는 방법을 연구하고 있다. 자율주행 셔틀, 전기차 기반 공유 모빌리티 모델 등이 활성화되면, 기존처럼 도심에 집중되지 않아도 교외 지역에서도 원활한 이동이 가능해지고, 그 결과 도시 구조 자체가 보다 균형 잡힌 형태로 변화할 가능성이 커진다.

네덜란드 암스테르담에서 진행 중인 'Zuidasdok 프로젝트' 역시 도시 중심부의 과밀화를 완화하고, 교외와 도심을 효율적으로 연결하는 새로운 교통 인프라를 구축하는 것을 목표로 하고 있다. 이 과정에서 전기차 충전 인프라 확충과 자율주행차를 위한 도로 설계가 함께 논의되고 있으며, 이는 기존 대중교통 중심의 이동 패턴을 보완하면서 더욱 친환경적이고 효율적인 교통 시스템을 구축하는 데 기여할 전망이다.

전기차 보급이 확대되고 충전 인프라가 교외 지역까지 고르게 확장되면, 거주와 경제 활동이 특정 도심에만 집중되는 것이 아니라, 다양한 지역으로 분산될 가능성이 커진다. 자율주행 기술이 도입되면서 이동 자체가 더 안전하고 편리해지면 사람들이 직주근접을 고집하지 않게 되고, 교외에서도 경제적 자립이 가능한 생활권이 형성될 수 있다.

이처럼 전기차와 자율주행차의 도입은 단순히 교통의 변화를 넘어 도시 구조 자체를 변화시키는 중요한 촉진제가 되고 있다. 기존의 집중형 도시에서 벗어나, 다양한 지역이 균형 잡힌 기능을 수행할 수 있도록 유도하는 핵심 동력으로 작용하고 있는 것이다. 미래 도시는 특정 거점에 의존하기보다, 스마트 모빌리티 기술과 지속 가능한 교통망을 활용하여 모든 지역이 보다 효율적으로 연결되는 방향으로 변화할 가능성이 크다.

전기차가 주도하는 미래 도시의 변화

중국은 전기차 전환에서 세계적으로 가장 빠르게 앞서가고 있다. 중국 정부는 전기차 보급 확대를 위해 대규모 충전 인프라 구축과 보조금 정책을 시행하며, 2022년 기준으로 약 400만 개 이상의 충전소를 운영하고 있다. 이러한 공격적인 투자와 정책 지원은 중국이 전기차 시장을 주도하는 핵심 요인이 되고 있다.

BYD(비야디)와 NIO 같은 중국 전기차 기업들은 기술 개발과 생산 효율성에서 글로벌 리더로 자리 잡으며, 2023년 한 해 동안 BYD는 약 300만 대의 전기차를 판매하며 기록적인 성과를 달성했다. 이는 단순한 기업 성과를 넘어 중국이 전기차 전환과 친환경 도시 구축에서 세계적 선두주자로 자리 잡고 있음을 보여준다. 중국 전기차 업체 BYD는 2025년 한국 시장에 공식 진출하며 '아토3'를 선보이기도 했다. 다른 전기차에 비해 저렴한 가격으로 부담을 줄이고 중국 브랜드 우려를 극복하겠다는 게 그들의 포부다.

반면, 한국은 전기차 관련 기술과 인프라 구축에서 여전히 도전을 받고 있다. 한국은 전기차 기술과 배터리 산업에서 글로벌 경쟁력을 보유하고 있지만, 충전 인프라 부족에 대한 인식, 원자재 공급망 문제, 내연기관 산업 전환의 어려움, 글로벌 보호무역 정책 등의 도전에 직면해 있다. 특히, 충전소의 접근성과 전력망 안정성 문제, 배터리 원자재의 해외 의존도, 전기차 생산 전환으로 인한 부품업체와 노동자의 어려움이 전기차로의 빠른 전환을 가로막고 있는 상황이다. 뿐만 아니라, 자율주행과 소프트웨어 경쟁력이 중요해지는 전기차 시장에서 한국 기업들은 기술 혁신과 인프라 확충을 통해 글로벌 시장에서 주도권을 확보해야 하는 상황으로 지금부터 서둘러 전환을 한다 해도 세계시장을 선도하기엔 빠듯하다.

중국이 금융결제 부분에 있어 스마트페이 등과 같은 기술 혁신을 도입해 빠르게 전환한 데 이어 전기차와 관련 산업도 빠르게 혁신하는 것처럼, 한국도 전기차 인프라와 자율주행 기술에서 선도적인 위치를 확보해야 한다. 그렇지 않으면 한국은 글로벌 전기차 시장에서 경쟁력을 잃을 뿐만 아니라 스마트 시티 및 친환경 기술 산업 전반에서도 뒤처질 위험이 있다.

전기차, 도시 구조를 바꾸다

자율주행 전기차는 단순한 교통 수단을 넘어 도시 구조를 바꾸고, 경제 모델을 재편하며, 개인의 생활 방식을 변화시키는 핵심 요소가 되고 있다. 앞으로 전기차 인프라 구축과 기술 개발에 대한 지속적인 투자가 이루어져야 하며, 이를 통해 도시 계획과 산업 구조 변화 속에서 새로운 기회를 창출해야 한다. 전기차와 자율주행 기술은 기존의 도시 구조를 재편하며, 집중형 도시에서 다중 중심 도시로의 전환을 가속화하고 있다. 중국, 유럽, 북미에서는 이러한 변화를 가속화하기 위한 프로젝트들이 진행되고 있으며, 이는 친환경 도시 구축과 경제적 지속 가능성을 높이는 데 중요한 역할을 하고 있다.

한국 역시 전기차와 스마트 모빌리티를 통해 심각해지는 수도권 집중화를 해소하고, 교외 지역을 활성화하는 방향으로 도시 계획을 재구성해야 한다. 이를 위해 전기차 충전 인프라 확대, 자율주행 기술 고도화, 스마트 시티 모델 도입을 적극 추진해야 한다. 전기차는 단순한 이동 수단이 아니라, 도시의 재구조화와 환경 개선, 그리고 경제적 기회를 창출하는 중요한 매개체로 작용할 것이며, 그 변화의 중심에서 새로운 도시와 생활 방식을 만들어갈 것이다.

자율주행 시대의 도래

2025년 1월, 나는 미국에서 바로 코앞으로 다가온 '미래'를 직접 확인하고 돌아왔다. 그동안 유튜브 영상으로만 보던 테슬라의 FSD 기능을 LA에서 라스베이거스까지, 그리고 라스베이거스 시내와 외곽을 거쳐 다시 LA로 돌아오는 일정뿐만 아니라, 생전 처음 가보는 샌디에이고 투어 일정까지 일주일 넘게 미서부를 직접 체험하고 온 것이다. 출발 전까지만 해도 솔직히 완전히 믿지는 못했던 것 같다. 완전 자율주행이라고는 하지만, 한 번도 가보지 않은 낯선 길에서 과연 얼마나 믿고 맡길 수 있을까?

그런데, 첫날부터 그 의심은 눈 녹듯이 사라져버렸다. 내비게이

선에 목적지를 입력하고 FSD 버튼을 누르자, 차는 마치 오래 함께 일한 베테랑 기사를 둔 것처럼 능숙하고 자연스럽게 도로 위로 나섰다. 앞차가 유난히 느리게 달리며 차량 흐름을 방해하면 눈치 보듯 머뭇거리는 게 아니라 자연스럽게 차선을 바꿔 추월하고, 갑자기 끼어드는 차가 있으면 부드럽게 속도를 줄이며 거리 유지를 했다. 파란 신호가 노란 신호로 바뀌는 애매한 순간에도 망설이지 않고 적절히 가속해 교차로를 빠져나가는 모습은 그야말로 노련한 프로 드라이버의 솜씨였다.

우회전, 좌회전, 차선 변경 때마다 깜빡이를 정확하게 켜며 웬만한 사람보다 더 정석적으로 움직였다. 뿐만 아니라, 탑승자가 3명 이상인 걸 인지하고 있는지 알아서 다인승 전용차로인 'HOV Only', 또는 'Car pool only' 라인으로 진입해서 운전하는 차량을 보면서 처음에 가졌던 불안감은 어느새 신뢰로 바뀌어 있었다. '아, 이게 되는구나!' 이게 단순한 기술 시연이 아니라, 이미 현실이 된 미래라는 걸 매일, 매 순간 체감할 수밖에 없었다.

FSD와 함께한 일주일 동안 나는 단순한 편리함을 넘어서 이동이라는 개념 자체가 완전히 뒤집히는 경험을 했다. 그저 목적지까지 데려다주는 교통수단이 아니었다. 주행 중에도 여행지의 경치를 충분히 만끽할 수 있을 뿐만 아니라, 차 안에서 보내는 시간을 온전히 나와 가족이 함께하는 공간으로 즐기고, 일도 하고, 영상도 보고, 편안히 커피 한 잔을 즐기는 이동식 오피스이자 모빌리티 카페로 변신할 수 있다는 걸 눈앞에서 확인한 것이다.

이제 자율주행차는 개인 이동수단을 넘어 완전히 새로운 비즈니스 모델의 플랫폼으로 진화해나갈 것이 분명했다. 자동차가 움직이는 동안, 그 안에서 새로운 서비스가 창출되고, 그 시간이 돈이 되는 시대. 머리로만 그렸던 미래가 내 눈앞에서 펼쳐지고 있었다.

이 장에서는 자율주행 시대가 만들어낼 완전히 새로운 비즈니스 모델과, 이동공간이 어떻게 서비스 공간으로 진화해가는지 함께 살펴보려 한다.

교통 시스템의 혁신과 도심 공간 변화

자율주행 시대가 도래하면 어떤 변화들이 나타날까? 일단 교통 시스템의 효율성이 크게 향상될 것이다. 자율주행 차량은 실시간 데이터와 인공지능(AI) 알고리즘을 활용하여 최적의 경로를 찾고, 교통 흐름을 조절하며, 사고 위험을 줄이는 역할을 한다. 차량 간 통신(V2V)과 도로 인프라와의 연결(V2I)이 가능해지면서 교통 체증이 감소하고 이동 시간이 단축될 것이다.

자율주행 차량이 보편화되면 개별 차량 소유가 감소하면서 대형 주차장의 필요성이 줄어들고, 그 공간은 녹지나 공공시설로 활용될 가능성이 높아진다. 또한 도심 내 자율주행 전용 차선이 도입되고, 교통 흐름을 자동으로 조절하는 스마트 교통 시스템이 구축되면서 보행자 중심의 도시 환경이 조성될 것이다.

아울러 자동차 소유 방식도 변화할 것으로 예상된다. 차량 공유 및 구독 서비스가 확대되면서 개인이 차량을 소유하기보다는 필요할 때 호출하여 사용하는 방식이 대중화될 것이다. 이에 따라 자동차 제조업체는 단순한 차량 판매를 넘어 모빌리티 서비스(MaaS, Mobility as a Service) 제공업체로 변모할 가능성이 크다.

환경적 측면에서도 긍정적인 변화가 예상된다. 자율주행 기술이 전기차와 결합되면서 연료 소비와 탄소 배출이 줄어들고, 에너지 효율이 극대화될 것이다. 최적의 주행 경로를 설정하고 불필요한 정차나 가속을 최소화하면서 교통량을 줄이고, 지속 가능한 교통 시스템을 구축할 수 있다.

법적·윤리적 과제도 해결해야 한다. 사고 발생 시 책임 소재를 명확히 구분해야 하며, AI가 윤리적 판단을 내려야 하는 상황에 대한 기준을 마련해야 한다. 또한, 자율주행차의 해킹 위험을 방지하고 개인정보를 보호하기 위한 보안 기술이 필수적으로 요구될 것이다.

단순 소비가 아닌 라이프스타일의 변화

자율주행 기술이 일상화되면서 사람들의 라이프스타일도 변화할 것이다. 이동 시간이 단순한 소비 시간이 아니라, 업무, 학습, 여가를 즐길 수 있는 생산적인 시간으로 전환될 것이다. 또한, 자율주행차는 장애인, 노인, 교통 취약 계층의 이동성을 높이며, 사회적 이동권을 확대하는 역할을 하게 될 것이다.

자율주행 시대는 교통, 도시 구조, 경제, 환경, 법률, 라이프스타일 등 사회 전반에 걸쳐 혁신적인 변화를 가져올 것이다. 이를 실현하기 위해서는 정부, 기업, 학계, 시민 사회가 협력하여 기술 개발, 인프라 구축, 법적 제도 정비 등을 함께 추진해야 한다. 자율주행 기술은 단순한 운전의 자동화를 넘어, 보다 편리하고 지속 가능한 미래 사회를 만들어가는 핵심 요소가 될 것이다.

자율주행 시대의 도래와 함께 차량 공유 모델은 단순한 렌터카 서비스나 승차 공유의 개념을 넘어, 이동 자체를 하나의 서비스로 제공하는 새로운 모빌리티 패러다임을 형성하게 될 것이다. 기존의 차량 공유 서비스는 사용자가 직접 차량을 운전해야 하는 방식이었지만, 자율주행 기술이 발전함에 따라 차량 호출부터 목적지까지의 이동, 주차까지 모든 과정이 자동화되면서 '운전자 없는 차량 공유'가 가능해진다.

자율주행 차량 공유 모델은 개인의 차량 소유 필요성을 줄이고, 차량 이용률을 극대화하는 데 기여할 것이다. 예를 들어, 웨이모(Waymo)와 같은 완전 자율주행 택시 서비스가 보편화되면, 사람들은 특정 시간에 차량을 소유하는 대신 필요할 때만 차량을 호출하여 사용할 수 있게 된다. 이는 차량 유지비 부담을 줄이고, 도심 내 주차 공간 부족 문제를 해결하는 데에도 기여할 것이다.

테슬라가 제안한 '로보택시(Robotaxi)' 모델처럼, 개인이 소유한 차량이 운전자가 사용하지 않을 때 자율주행 모드로 전환되어 차량 공유 서비스에 참여하는 형태도 가능해질 것이다. 이렇게 되면 차량 소유자는 자신이 직접 운전하지 않더라도 차량을 통해 추가적인 수익을 창출할 수 있으며, 공유 경제와 연계된 새로운 차량 활용 모델이 자리 잡게 된다.

도심에서는 다인승 공유 차량과 '셔틀 형태의 모빌리티 서비스'가 활성화되면서, 교통체증이 완화되고 대중교통과의 연계성이 높아질 것이다. 예를 들어, 자율주행 차량은 고정된 노선을 따라 운행되는 기존의 대중교통 시스템과는 달리, 실시간으로 수요를 분석하여 최적의 경로를 선택하는 '온디맨드 모빌리티 서비스(On-Demand Mobility Service)' 형태로 운영될 가능성이 크다. 이는 기존의 택시나 버스 서비스보다 더욱 효율적인 이동을 가능하게 하며, 도심 내 이동 시간을 단축하는 효과를 가져올 것이다.

이동의 개념 자체를 혁신하다

차량 공유 모델은 도심과 교외 지역 간의 이동 역시 더욱 원활하게 만들어줄 것이다. 자율주행 차량이 스마트 시티의 교통 시스템과 연계하여 운영되면, 출퇴근 시간에 맞춰 차량이 자동으로 배차되고, 이용자가 원하는 시간과 장소에 맞춰 이동할 수 있는 시스템이 구현될 것이다. 이를 통해 장거리 출퇴근을 해야 하는 사람들에게도 보다 효율적인 이동 수단을 제공할 수 있으며, 이는 궁극적으로 도심과 교외 간의 거주 패턴을 변화시키는 요인이 될 것이다.

뿐만 아니라, 차량 내부의 기능과 활용 방식도 변화할 것이다. 자율주행 차량이 도입되면, 차량 내부는 단순한 이동 공간을 넘어 업무 공간, 휴식 공간, 엔터테인먼트 공간 등 진정한 제4의 공간으로 활용될 가능성이 높아진다. 예를 들어, 자율주행 공유 차량 내부에는 대형 디스플레이와 고속 인터넷이 제공되어 이동 중에도 화상회의를 하거나, 영화를 감상하는 등의 활동이 가능해질 것이다. 특히, 기업들은 자율주행 차량을 활용한 이동식 사무실이나 모빌리티 카페, 맞춤형 이동 서비스 등을 개발하여 새로운 비즈니스 모델을 창출할 것으로 보인다.

결국, 자율주행 시대의 차량 공유 모델은 기존의 '차량 소유' 개넘을 변화시키고, 경제성과 편의성을 극대화하는 방향으로 발전할 것이다. 이를 통해 도시에서는 차량 공유 서비스가 대중교통의 일부로 자리 잡으며, 교외에서는 장거리 이동을 위한 새로운 모빌리티 솔루션이 등장할 것이다. 자율주행 차량 공유 모델은 단순한 교통 수단의 변화가 아니라, 이동의 개념 자체를 혁신하는 역할을 하며, 이는 도시 구조와 교통 시스템 전반에 걸쳐 획기적인 변화를 가져올 것이다.

CHAPTER
4

소유에서 서비스로,
변화하는 모빌리티 생태계

운전이 아닌 여정: 자율주행이 만든 새로운 여행

2020년 7월의 새벽 아직 해가 떠오르기 전, 부모님과 함께 차에 올랐다. 목적지는 부산, 동생네 가족과의 점심 약속이었다. 왕복 900킬로미터, 하루 만에 다녀오기에는 무리일 수도 있는 거리였다. 하지만 오늘은 달랐다. 우리는 테슬라 모델3 오토파일럿과 함께 이 긴 여정을 떠나기로 했다. 사실 부모님은 출발 전부터 걱정이 많으셨다.

"하루 만에 부산을 다녀온다고? 무리하는 거 아니냐?"

"운전 조수가 있어서 힘들지 않아요."

아버지는 못 믿겠다는 표정이었고, 어머니는 그저 아들이 피곤할까 봐 걱정스러운 눈치였다. 하지만 차에 타고 목적지를 설정하자마자, 우리는 조금씩 이 새로운 경험에 익숙해져 갔다. 차가 부드럽게 움직이기 시작했다.

고속도로에 진입한 후, 나는 오토파일럿을 활성화했다. 가속과 감속 앞차와의 거리를 자동으로 조절하며 차량이 알아서 안정감 있는 주행을 선보였다. 여전히 핸들 위에 손을 올려놓고 있어야 했지만, 직접 핸들을 조작하지 않는 것만으로도 피로감이 줄어드는 것이 느껴졌다.

"야, 이거 진짜 신기하네."

뒷좌석에서 아버지가 감탄하며 창밖을 바라보셨다. 어머니는 조금 긴장한 듯했지만, 차의 부드러운 움직임에 금세 적응하셨다.

"그러면 너는 이제 운전 안 해도 되는 거야?"

"완전히 안 하는 건 아니지만, 훨씬 편하긴 하지."

실제로도 그랬다. 나는 차 안에서 여유롭게 커피를 마시고, 음악을 들으며 가족과 대화를 나눌 수 있었다. 직접 운전을 했다면 놓쳤을 순간들이었다.

몇 시간 후 중간 휴게소에 들렀다. 평소라면 긴장을 늦추기 어려운 순간이지만, 이번에는 달랐다. 우리는 피곤에 지친 얼굴이 아니라, 여유롭게 아침 공기를 마시는 얼굴을 하고 있었다.

부산에 도착했을 때, 나는 피곤하기보다는 상쾌함을 느꼈다.

부모님도 예상보다 훨씬 편안해하셨다. 동생네 가족과 점심을 먹으며 나는 생각했다. '이제 이동이 단순한 '운전'이 아니라, '하나의 경험'이 될 수 있겠구나.'

예전 같았으면 부산까지 운전하며 쏟아부었을 집중력과 체력은, 이제 차 안에서 가족과 시간을 보내는 데 쓰일 수 있었다. 부모님은 손주들과 여유롭게 시간을 보내셨고, 나는 동생과 함께 부산 바다를 바라보며 커피를 마실 수 있었다.

만약 오토파일럿이 없었다면? 왕복 900킬로미터의 거리는 그저 피로를 쌓아가는 과정이었을 것이다. 하지만 지금, 우리는 새로운 방식으로 공간을 압축하며 이동하고 있었다.

여유롭게 식사와 차를 마시고 다시 차에 올랐다. 식사하는 동안 차는 해운대 파라다이스 호텔에 설치된 슈퍼차저를 통해 가득 충전을 마쳤으니 안심하고 출발만 하면 되는 거였다. 출발하고 시내를 거쳐 고속도로에 올라서면서 다시 오토파일럿을 설정하고, 차는 스스로 부드럽게 움직였다. 나는 운전석에 앉아 있었지만, 동시에 운전에서 자유로워져 있었다. 어머니는 조용히 음악을 들으며 창밖을 바라보셨고, 아버지는 잠시 눈을 붙였다. 차 안의 공기는 여유로웠다.

나는 생각했다. 운전이 이렇게 달라질 수 있다면, 앞으로 이동이라는 개념은 완전히 바뀔지도 모르겠다. 그리고 그날 밤, 서울

집에 도착할 때까지도 나는 평소보다 훨씬 덜 피곤했다. 900킬로미터의 긴 여정, 하지만 이날의 일정은 그 어느 때보다 알차고 짧게 느껴졌다. 자율주행이 만들어낸 '공간의 압축' 효과를 처음으로 체험한 날이었다.

자율주행 차량의 발전은 다양한 산업과 결합하여 새로운 비즈니스 모델을 탄생시킬 것이다. 기존의 차량 소유 개념이 약화되고, 이동 자체가 하나의 서비스로 변화하면서 교통, 물류, 상업, 의료 등 여러 분야에서 자율주행 기술을 기반으로 한 혁신적인 서비스가 등장할 것이다.

소유에서 서비스로 변화하는 모빌리티

먼저, 자율주행 기술이 적용된 로보택시 서비스는 운전자가 필요 없는 무인 차량을 활용하여 승객을 목적지까지 이동시키는 형태로, 우버와 같은 기존의 차량 공유 서비스를 대체하거나 보완할 것이다. 이러한 서비스는 24시간 운영이 가능하고 운행 비용이 절감되어 대중교통과 연계한 효율적인 모빌리티 시스템을 구축하는 데 기여할 것이다.

또한, 자율주행 차량은 이동 중 업무를 수행할 수 있는 이동식 오피스(Mobile Office)로 활용될 수 있다. 차량 내부는 고속 인터넷, 디지털 디스플레이, 음성 비서 기능이 탑재된 업무 공간으로 변모하여, 출퇴근 시간이나 장거리 이동 시간을 그냥 흘려보내는 대신 생산적인 활동으로 전환할 수 있도록 돕는다. 이는 원격 근무와 프리랜서 중심의 업무 환경 변화와 맞물려 새로운 비즈니스 기회를 창출할 것이다.

이동형 상업 공간과 헬스케어 서비스

자율주행 차량은 이동식 카페 및 레스토랑, 푸드트럭, 이동식 매장(Mobile Retail) 등의 형태로도 운영될 수 있다. 차량이 자동으로 고객이 많은 지역으로 이동하여 커피나 음식을 제공하거나, 특정 브랜드의 팝업 스토어로 활용되면서 상업 공간의 개념을 확장 될 수 있을 것이다. 예를 들어, 명품 브랜드의 이동형 쇼룸이나 체험형 공간을 제공하는 차량이 등장하여 소비자들에게 차별화된 쇼핑 경험을 제공할 가능성이 크다.

자율주행 차량은 이동식 의료 및 헬스케어 서비스의 새로운 플랫폼이 될 수도 있다. 원격 진료 시스템과 연계된 이동식 건강검진 차량이 환자를 직접 찾아가 기본적인 검진과 상담을 제공하거나, 자율주행 구급차가 응급 상황 발생 시 환자를 신속하게 병원으로 이송하며 실시간 의료 지원을 제공할 수 있다.

물류 및 엔터테인먼트 산업의 변화

물류 및 배달 산업에서도 자율주행 차량의 도입은 24시간 무인 배송 서비스를 가능하게 한다. 자율주행 트럭과 로봇 배송 차량이 주요 도시와 교외 지역을 연결하면서 배송 시간을 단축하고, 물류 비용을 절감할 것이다. 스타트업 누로(Nuro)와 같은 기업들은 이미 자율주행 기반의 무인 배송 차량을 실험적으로 운영하며, 향후 소포 배송, 식료품 배달, 레스토랑 배달 서비스 등에서 점진적인 도입이 이루어질 것으로 보인다.

이와 함께, 자율주행 기술은 차량 내 엔터테인먼트 플랫폼을 구축하는 새로운 비즈니스 모델도 만들어낼 것이다. 차량 내부에서 초고화질 디스플레이와 몰입형 오디오 시스템을 활용해 영화 감상, 게임, 스포츠 중계 등을 즐길 수 있는 환경이 조성되며, 이를 통해 자동차 제조업체와 콘텐츠 제공업체 간의 협력이 활발해질 것이다.

미래 전망과 대응 전략

이 외에도 자율주행 차량은 스마트 시티와 연계된 공유 모빌리티 시스템을 강화할 것이다. 도심에서는 단거리 이동을 위한 공유 자율주행 셔틀이 운영되고, 교외에서는 장거리 이동을 위한 고속 자율주행 택시 서비스가 등장하여 도시 교통 혼잡을 줄이고 효율적인 대중교통 네트워크를 구축할 것이다.

결과적으로, 자율주행 차량은 단순한 기술 혁신을 넘어 이동과 공간 활용의 개념을 근본적으로 변화시킬 것이다. 모빌리티, 상업, 의료, 물류, 엔터테인먼트 등 다양한 분야에서 새로운 비즈니스 기회가 창출되며, 기업들은 이러한 변화를 활용해 이동을 하나의 가치 창출 서비스로 전환하는 새로운 시장을 개척해나갈 것이다.

자율주행 시대는 자동차 소유와 공유의 경계를 허물며, 사용자의 개별적인 요구와 라이프스타일에 맞춘 다양한 비즈니스 모델을 창출할 것이다. 특히, 자율주행 기술이 발전할수록 '제4의 공간'이 우리의 일상에서 차지하는 비중이 늘어날 것이며, 이동 중 공간의 활용 가치는 더욱 높아질 것이다.

제4의 공간으로 정의된 자동차는 단순한 이동 수단에서 개인화된 경험을 제공하는 플랫폼으로 변화할 것이다. 한국은 이러한 변화에 대응하기 위해 자율주행 기술 개발, 충전 인프라 확장, 그리고 관련 규제 완화와 같은 다각적인 노력을 기울여야 한다. 글로벌 경쟁에서 뒤처지지 않기 위해 자동차 제조사와 모빌리티 플랫폼 기업들은 소유와 공유의 장점을 결합한 맞춤형 서비스를 개발하고, 사용자의 다양한 요구를 충족시키는 새로운 모델을 지속적으로 연구해야 할 것이다.

전기차 사용 문화
환경 구축

 내가 살고 있는 아파트는 비교적 주차 공간에 여유가 있는 편이다. 충전구역도 넉넉하게 마련돼 있고, 입주민들 사이에서도 전기차 충전에 대한 배려 문화가 어느 정도 자리 잡혀 있다. 전기차를 먼저 타기 시작한 입주민들이 중심이 되어 자발적으로 단톡방을 만들어 충전 순서를 공유하고, 충전이 끝나면 바로 차를 빼주는 매너도 자연스럽게 정착되어 있다.

전기차 충전을 둘러싼 갈등과 해결 방안

하지만 이런 문화가 자리 잡은 단지는 아직 많지 않다. 세대당 주차 공간이 부족한 오래된 아파트들, 전기차 충전구역과 일반 주차구역이 뒤섞인 단지들에서는 전기차와 내연기관차 차주 간 갈등이 점점 더 날카로워지고 있다는 이야기를 심심찮게 듣는다. 충전해야 하는 전기차 차주는 충전구역을 내연기관차가 차지하고 있으면 짜증이 치밀어 오르고, 이에 대한 보복으로 사진을 찍고 안전신고앱으로 신고부터 한다. 내연기관차 차주는 "가뜩이나 주차 자리도 부족한데 전기차 때문에 주차도 더 힘들어지고 불편해졌다"며 억울함과 분노를 표출한다. 결국, 이런 과정에서 과태료라도 물게 되는 날이면, 이에 대한 반성보다는 전기차를 향한 반감은 더 깊어질 뿐이다.

전기차 전환은 이제 거스를 수 없는 시대적 흐름이다. 그러나 새로운 시대는 법과 제도만으로 열리지 않는다. 단순히 충전방해금지법 같은 규제만 강화한다고 건강한 전기차 문화를 만들어낼 수는 없다. 서로를 이해하고, 새로운 환경에 함께 적응하며, 서로를 배려하는 문화적 기반이 마련되지 않으면 전기차 보급률이 높아질수록 갈등의 골은 오히려 깊어질 수밖에 없다.

다행히 일부 아파트 단지에서는 입주민들이 자발적으로 단톡

방을 만들어 충전 순서를 공유하고, 서로의 사정을 배려하는 새로운 문화가 알음알음 생겨나고 있다. 이런 사례들이 조금씩 퍼져나가면서 '전기차는 내연기관차와 공존할 수 있는 존재'라는 인식이 자리 잡는다면 서로를 미워하고 반목하는 대신 함께 새로운 이동 문화를 만들어가는 더 성숙한 사회로 나아갈 수 있을 것이다.

전기차가 가져오는 새로운 생활 방식

전기차는 단순히 내연기관차를 대체하는 기술적 진보에 그치지 않는다. 전기차의 보급은 우리의 생활 방식과 사회·문화 전반에 걸쳐 새로운 변화를 가져오고 있으며, 사용자들은 기존 내연기관차와는 다른 전기차만의 특징을 체감하며 새로운 생활 문화를 형성해나가고 있다.

앞에서도 설명했듯이, 전기차는 공회전 없이 냉난방이 가능하고, 주차 중에도 다양한 활동을 할 수 있는 공간적 이점을 제공한다. 이는 차량을 단순한 이동 수단이 아닌, 개인의 생활 공간으로 재정의하는 데 기여하고 있다. 그러나 이러한 변화는 단순히 사용자들의 적응만으로 이루어지는 것이 아니다. 자동차 제조업체, 충전 인프라 운영자, 정부 등 이해관계자들이 협력하여 전기차 사용 문화를 뒷받침하는 환경을 구축해야 한다. 충전소의 편의시설을 확대하고, 지역 커뮤니티와 연계해 충전 시간이 단순한 대기 시간이 아닌 가치 있는 시간이 될 수 있도록 해야 한다. 전기차 사용 문화는 기존 내연기관차의 패턴과는 근본적으로 다른 방식의 사고와 라이프스타일의 적응을 요구한다.

기존 내연기관차 사용자들은 주유소를 찾아 몇 분 만에 연료를 주입하는 방식에 익숙하지만, 전기차 사용자들은 집이나 회사에 마련된 충전기를 이용해 차량을 주차하는 동안 스마트폰을 충전하듯이 수시로 충전하는 것이 일상이 된다. 내연기관차에 익숙한 사용자들은 전기차도 주유소와 같은 충전소에서 몇 분 만에 급속 충전을 마칠 수 있어야 한다고 생각하지만, 정작 전기차 라이프스타일에 적응한 사용자들은 급속 충전을 1년에 한두 번 사용할까 말까 한다고 말한다.

막상 전기차를 타보면, '집밥(가정 충전)'이나 '회사밥(직장 충전)'을 이용할 수 있으면 별도로 급속 충전을 이용할 일이 거의 없다는 점을 깨닫게 된다. 전기차 충전이 내연기관차의 주유 방식보다 상대적으로 더 많은 시간이 필요한 것은 맞지만, 충전을 위해 특정 스테이션을 찾아가는 방식이 아니라, 주로 머무는 공간(집이나 회사)에서 자연스럽게 충전하는 것이 더 편리한 방식이라는 점을 경험적으로 받아들이게 된다. 따라서 이러한 사용자 경험의 차이를 이해하고, 전기차 전환을 유도하는 정책과 함께 사용자들에게 전기차 충전 방식에 대한 명확한 안내와 교육이 병행되어야 한다.

한편, 유럽의 일부 충전소에서는 레스토랑, 소규모 마켓, 코워킹 스페이스 등을 함께 운영해, 사용자가 충전 중에도 생산적이고 즐거운 경험을 할 수 있도록 돕는 모델을 도입하고 있다. 한국에서도 이러한 충전소 모델을 벤치마킹하는 동시에, 전기차 사용자들이 가장 중요하게 여기는 '집밥 충전'을 보다 강화하는 방향으로 충전 인프라를 구축해야 한다. 실제로 많은 전기차 사용자들은 집이나 직장에 충전 인프라가 마련되어 있는지 여부가 전기차 사용 경험을 크게 좌우한다고 입을 모은다. 충전 인프라의 접근성과 편리성을 높이는 것은 전기차 사용 문화를 정착시키는 데 핵심적인 과제가 될 것이다.

충전 예절과 올바른 사용 문화 형성

전기차가 제공하는 환경적 이점과 개인 공간 활용을 극대화하려면, 이를 뒷받침할 문화적 기반이 필수적이다. 예를 들어, 충전 예절과 같은 기본적인 문화적 요소부터, 지역 사회와 연결된 전기차 활용 방안까지 다양한 측면에서 문화적 선진화가 요구된다. 이러한 노력의 일환으로, 필자가 수년간 추진해 온 '차지(Charge) 한 때만 차지하기' 캠페인은 올바른 전기차 사용 문화를 마련하는 데 중요한 단서를 제공하고 있다. 이 캠페인은 전기차 충전소에서 충전이 완료된 후 차량을 신속히 이동시켜 다른 사용자가 효율적으로 충전 시설을 이용할 수 있도록 권장하는 운동이다.

일부 사용자들이 충전소를 점유한 채 장시간 자리를 비우거나, 충전 예절을 지키지 않는 사례는 전기차 보급 초기 단계에서 나타나는 문제점 중 하나다. 이를 해결하기 위해서는 사용자 교육과 인프라 확장이 병행되어야 한다. 또한, 전기차 사용 문화의 정립은 기술적 발전의 활용도를 극대화하는 데 필수적이다. 자율주행 기술이 더해지면서 전기차는 단순한 이동 수단 이상의 역할을 하게 될 것이며, 이를 위한 준비는 지금부터 시작해야 한다.

CHAPTER 4

전기차 문화 정착을 위한 인프라 구축

전기차 사용 문화를 정착시키고 발전시키기 위해서는 단순한 기술 개발을 넘어 충전 인프라 확충, 전력 공급 체계 개선, 정책적 지원, 사용자 교육, 그리고 전기차 중심의 모빌리티 생태계 구축이 유기적으로 맞물려야 한다. 충전 인프라 확대는 전기차 보급을 위한 필수 요소로, 주요 거점 내 급속 충전소의 보급과 주거지 및 공공시설 내 충분한 완속 충전소 확충이 필요하다.

전기차 사용 문화 정착을 위한 노력들

우선 충전 인프라의 확충과 효율적인 충전 시스템 구축이 필수적이다. 주거 지역, 업무 지역, 고속도로, 대형 쇼핑몰 등 주요 거점에 충전소를 확대하고, 급속 충전 기술과 스마트 충전 시스템을 도입하여 충전 대기 시간을 단축해야 한다. 또한, 전기차 배터리를 전력망과 연계하는 V2G(Vehicle-to-Grid) 기술을 활용해 전력 소비의 효율성을 높일 필요가 있다.

전기차의 배터리 성능 향상과 안전성 확보도 중요한 과제다. 배터리 수명을 연장하고, 전고체 배터리(Solid-State Battery) 기술을 개발하여 안전성과 충전 속도를 높이는 것이 필요하다. 또한, 전비(Wh/km) 개선과 같은 에너지 효율 최적화 기술을 지속적으로 연구해야 하며, 전기차가 다양한 도로 환경에서 안정적인 성능을 발휘할 수 있도록 소프트웨어 최적화도 병행해야 한다.

전기차 사용자들 간의 커뮤니티와 네트워크를 활성화하는 것도 필수적이다. 사용자들이 충전소 정보, 차량 유지 보수, 운행 팁 등을 공유할 수 있는 플랫폼을 제공하고, 기업과 소비자가 원활하게 소통할 수 있는 피드백 시스템을 구축해야 한다. 더불어, 전기차 공유 서비스와 카셰어링 모델을 확산시켜 더 많은 사람들이 전기차를 경험할 수 있도록 해야 한다.

이처럼 전기차 사용 문화의 정착과 발전을 위해서는 충전 인프라 확대, 기술 개발, 정책 지원, 대중 교육, 사용자 네트워크 활성화가 유기적으로 결합되어야 한다. 이러한 노력이 지속적으로 이루어질 때 전기차는 단순한 친환경 이동 수단을 넘어 새로운 모빌리티 라이프스타일을 형성하며, 지속 가능한 사회로 나아가는 핵심 요소가 될 것이다.

정부의 정책적 지원과 교육의 필요성

이를 위해서는 정부와 지방자치단체의 정책적 지원 또한 필수적이다. 전기차 구매 보조금과 세제 혜택을 유지하고, 전기차 전용 도로와 주차 구역을 마련하는 등의 정책이 전기차 사용자의 편의성을 높일 것이다. 아울러, 전기차 기반의 공유 모빌리티 서비스를 확대하여 보다 많은 사람들이 전기차를 직접 경험하고 활용할 수 있는 환경을 조성해야 한다. 그리고 무엇보다도 전기차 사용자와 예비 사용자에 대한 인식개선 운동과 교육은 아무리 강조해도 부족하지 않을 만큼 중요한 과제다. 전기차 사용자의 충전 에티켓과 전기차 사용문화 캠페인을 통해 올바른 사용자 문화를 조성하고, 전기차 체험 프로그램을 확대하여 소비자들이 전기차의 장점을 직접 경험할 수 있도록 해야 한다. 또한, 전기차 사용자들 간의 커뮤니티 활성화를 지원하여 정보 공유와 문제 해결이 원활하게 이루어질 수 있는 환경을 마련할 필요가 있다.

전기차 중심의 모빌리티 생태계 구축

전기차를 중심으로 한 모빌리티 생태계 구축도 필수적이다. 자율주행 기술과 결합된 전기차는 단순한 개인 이동 수단을 넘어 로보택시, 이동식 오피스, 스마트 시티와 연계된 교통 시스템 등 다양한 방식으로 활용될 수 있다. 또한, 이동식 충전 서비스나 충전 예약 시스템 도입을 통해 사용자의 편의를 극대화하는 방안도 고려할 필요가 있다. 결국, 전기차 사용 문화를 정착시키기 위해서는 충전 인프라, 전력 공급, 정책 지원, 사용자 교육, 모빌리티 생태계 구축이 유기적으로 결합되어야 한다. 이를 통해 전기차가 단순한 이동 수단을 넘어 지속 가능한 친환경 모빌리티 시스템의 중심이 될 수 있으며, 한국이 전기차 전환을 선도하는 글로벌 리더로 자리 잡을 수 있을 것이다.

사회적, 문화적 기반을 마련하라

전기차 전환의 시대를 성공적으로 맞이하기 위해서는 기술적 발전뿐만 아니라, 이를 뒷받침할 사회적·문화적 기반을 마련하는 것이 필수적이다. 우선, 친환경 모빌리티에 대한 인식을 높이고 전기차 전환의 필요성을 사회적으로 공감할 수 있도록 홍보와 교육이 이루어져야 한다. 이를 위해 정부와 기업, 학계가 협력하여 전기차의 환경적, 경제적 장점을 알리는 캠페인을 진행하고, 전기차 체험 프로그램과 교육 과정을 확대하여 대중이 전기차의 실용성을 직접 경험할 기회를 제공해야 한다.

충전 인프라 확충과 정책적 지원의 필요성

전기차 중심의 인프라 구축이 사회 전반에서 수용될 수 있도록 정책적 지원과 법적, 제도적 정비 역시 시급하게 필요하다. 예를 들어, 아파트 단지와 업무용 건물에 충전소 의무 설치 기준을 강화하고, 공공 충전소 확대와 충전 요금 인센티브 제공을 통해 전기차 사용의 편리성을 높여야 한다. 동시에, 충전소 점유 문제를 해결하기 위한 전기차 충전 예절 교육과 사용자 간의 원활한 협력 문화를 형성하는 노력도 병행되어야 한다.

전기차 전환은 도시 설계와 생활 방식의 변화를 요구하는 만큼, 이를 수용할 수 있는 새로운 모빌리티 생태계를 구축하는 것이 중요하다. 전기차 기반의 차량 공유 서비스와 대중교통 연계 시스템을 활성화하여, 사람들이 개인 차량 소유에 대한 부담 없이 친환경 이동 수단을 쉽게 이용할 수 있도록 해야 한다. 또한, 스마트 시티와 연계한 전기차 친화적 도시 설계를 통해, 충전소와 주차 공간을 효율적으로 배치하고, 자율주행 전기차를 활용한 이동형 오피스, 상업 공간, 여가 시설 등의 혁신적인 서비스 모델을 개발하는 것도 고려할 필요가 있다.

전기차를 중심으로 한 새로운 라이프스타일 정착

우리는 현재 전기차 전환의 초기 단계에 있으며, 이 시기는 단순히 기술적 도입을 넘어 사회적·문화적 기반을 다질 중요한 시점이다. 가까운 미래에는 전기차가 우리의 일상에서 중요한 역할을 하게 될 것이며, 이를 위한 준비는 단순한 기술적 과제가 아니라, 사용자 문화와 사회적 환경 전반을 아우르는 통합적인 접근이 필요하다.

전기차 사용 문화의 조기 확립은 지속 가능한 미래를 위한 필수 과제다. 이는 단순히 전기차를 타는 행위가 아니라, 환경적 책임을 인식하고 새로운 생활 양식을 받아들이는 과정이 될 것이다. 전기차가 제공하는 새로운 기회와 가능성을 최대한 활용하기 위해, 우리는 지금부터 이 문화를 함께 만들어나가야 한다.

CHAPTER
5

전기차 전환의
과제

초고속 인터넷 도입의 추억

2011년의 어느 날, 우연히 기사를 하나 읽었다. 제목이 무척 강렬했다.

"스마트폰 시대에 이어 스마트카의 시대가 온다."

그 문장이 왠지 내 머릿속에 깊숙이 박혔다. 그때까지만 해도 나는 자동차를 단순히 이동 수단으로 생각했다. 그저 목적지로 나를 데려다주는 개인화된 기계일 뿐이었다. 하지만 그 기사를 읽고 난 후 내 마음속에 자동차에 대한 새로운 상상이 싹트기 시작했다.

그날 이후, 몇 번의 계기를 통해 나는 자동차를 그저 '탈것'이 아니라, '지능을 가진 공간'으로 바라보기 시작했다. 스마트폰이 우리의 삶을 바꾸었듯, 자동차도 그와 같은 혁신을 가져올 수 있을 거라는 생각이 들었다. 더 이상 운전만을 위한 기계가 아닌, 내가 시간을 보내고, 정보를 얻고, 심지어 나를 이해하는 동반자가 될 수 있을 것 같았다.

차 안은 단순히 이동하는 공간이 아니라, 내가 필요로 하는 모든 것을 제공하는 개인적인 환경으로 바뀌리라. 그것은 마치 내 스마트폰처럼 나의 일정을 관리하고, 음악을 추천하며, 심지어 내 기분에 맞춰 적절한 분위기를 만들어줄 수 있을 것이다. 그리고 그 차는 이제 단순히 길을 따라가며 나를 이동시키는 것에서 한 걸음 더 나아가 내게 필요한 정보와 편안함을 스스로 제공하는 존재로 다가올 수 있다는 확신이 들었다.

'스마트카의 시대.' 그 기사 속 문구는 그때부터 내 머릿속에서 계속해서 울려 퍼졌다. 그리고 나는 그 시대가 정말로 올 것임을 확신하기 시작했다.

초고속 인터넷이 가져온 변화

한국은 1990년대 말 초고속 인터넷을 세계 최초로 상용화하며 IT기술 선도국의 가능성을 키워 나갔다. 당시 한국의 인터넷 보급은 단순한 인프라 확장이 아니었다. 빠르고 안정적인 인터넷 연결은 온라인 비즈니스, 교육, 금융 등 다양한 산업 분야에서 혁신을 촉진했고, 한국 경제를 디지털 중심으로 전환하는 데 핵심적인 역할을 했다.

초고속 인터넷 도입 초기에는 기술적, 사회적 불안감도 존재했다. 그러나 정부의 전략적 투자와 민간기업의 혁신적인 서비스 개발이 맞물리면서, 한국은 빠르게 인터넷 강국으로 자리 잡았다. 이 전환은 단순한 기술 업그레이드가 아니라 국가 경쟁력을 높이는 중요한 전환점이 되었으며, 세계 IT 산업에서 한국이 선도적인 위치를 차지하는 계기가 되었다.

그렇다면 이런 빠른 보급의 이유는 무엇이었을까? 한국의 인터넷 보급이 빠르게 이루어진 이유는 정부의 적극적인 정책 지원, 좁은 국토로 인한 인프라 구축의 용이성, IT 기업들의 경쟁적인 투자, 그리고 국민들의 높은 교육 수준과 기술 수용도가 결합된 결과다. 1990년대 후반 정부는 초고속 인터넷망 구축을 국가 전략으로 삼고 적극적인 투자와 정책적 지원을 아끼지 않았으며, 1997년 IMF 경제 위기 이후 새로운 성장 동력으로 IT 산업을 육성하면서 인터넷 인프라 확산이 가속화되었다. 또한, KT, SK텔레콤 등 통신사들의 경쟁과 PC방 문화의 확산이 맞물리며 인터넷 보급 속도를 더욱 빠르게 끌어올렸고, 국민들의 높은 교육 수준과 디지털 적응력은 인터넷 사용을 일상화하는 데 중요한 역할을 했다.

전기차 전환이 가져올
산업 혁신

전기차로의 빠른 전환 역시 한국이 다시 한번 글로벌 리더로 도약할 수 있는 기회를 제공한다. 전기차의 보급은 자동차 산업의 변화에 그치지 않고, 에너지 산업, 스마트 시티, 자율주행 기술 등 다양한 분야에서 혁신을 촉진하는 핵심 요소가 될 것이다. 예를 들어, 전기차 충전소 네트워크의 확장은 한국의 에너지 시장에 새로운 가능성을 열어준다. 기존 주유소 인프라를 대체하는 충전소는 단순히 자동차 연료 공급원이 아니라, 재생에너지와의 통합을 통해 전력망의 효율성을 극대화하는 역할을 할 수 있다. 한국은 이미 높은 수준의 스마트 그리드 기술을 보유하고 있어,

전기차와 충전 인프라를 결합해 에너지 소비의 효율성을 높이는 데 유리한 조건을 갖추고 있다.

또한, 자율주행차와 결합된 전기차 기술은 한국이 글로벌 모빌리티 시장에서 경쟁 우위를 점하는 데 있어 무척 중요한 기회다. 자율주행차는 단순히 운전자의 편의를 위한 기술이 아니라, 물류, 교통 관리, 개인 맞춤형 서비스 등 다양한 산업과 융합해 새로운 경제적 가치를 창출할 수 있다. 한국은 이미 자율주행 기술 상용화를 위한 연구개발을 진행 중이며, 전기차와의 결합을 통해 글로벌 모빌리티 시장에서 리더십을 확보할 수 있는 잠재력을 지니고 있다.

한국 정부가 전기차 확산에 소극적인 이유

그렇다면 한국 정부가 인터넷 보급만큼 전기차 확산에 적극적이지 않은 이유는 무엇일까? 가장 큰 이유는 기존 내연기관차 산업과의 충돌 때문이다. 한국은 현대자동차그룹을 중심으로 한 내연기관차 산업이 국가 경제에서 중요한 위치를 차지하고 있으며, 부품 공급망과 관련된 수많은 중소기업들이 내연기관차 부품 제조에 의존하고 있다. 전기차는 기존 내연기관차에 비해 부품 수가 적고, 구조가 단순하여 자동차 부품 산업 전반의 생태계를 위협할 수 있다.

여기에 더해, 내연기관차와 연결된 전후방 산업의 변화 또한 정부가 급격한 전환을 주저하는 이유 중 하나다. 주유소 사업뿐만 아니라, 엔진오일, 변속기 오일, 냉각수 등 내연기관차 전용 소모품 산업, 그리고 엔진·배기 시스템을 포함한 기존 자동차 정비 업체까지 전기차 시대가 본격화되면 기존 산업의 상당 부분이 축소되거나 사양화될 가능성이 높다. 이는 단순한 제조업 차원의 문제가 아니라, 자동차 생태계 전반에 걸친 산업 구조 변화와 대량 실업 문제로 이어질 수 있어 정부가 신중한 접근을 취할 수밖에 없는 이유가 된다.

둘째, 전기차 인프라 구축에 소요되는 막대한 비용과 정책 부담도 중요한 요인이다. 전기차 보급이 확대되기 위해서는 충전소 인프라 확충이 필수적이지만, 도심 내 충전소 설치 공간이 부족하고, 아파트 단지 등 공동주택에서의 충전 인프라 구축이 쉽지 않아 전기차 확산의 장애물이 되고 있다. 또한, 전기차 보급이 증가할수록 전력망에 대한 부담도 커지며, 전력 수급 문제와 충전 인프라 확충을 동시에 해결해야 하는 과제가 따른다. 따라서 정부 입장에서는 무리하게 전기차 보급을 확대하는 대신 점진적인 전환을 추진하려는 경향이 강하다.

마지막으로, 전기차 보조금 정책에 대한 부담도 전기차 확산 속도를 조절하는 이유 중 하나다. 한국 정부는 전기차 보급을 촉진하기 위해 보조금을 지급하고 있지만, 전기차 가격이 여전히 높은 상황에서 보조금 의존도가 높아지면, 정부 재정에 부담이 커질 수 있다. 한편으로 보조금이 점진적으로 줄어들 경우, 전기차 시장이 자생적으로 성장할 수 있는가에 대한 우려도 존재한다. 이에 따라 정부는 보조금 정책을 점진적으로 축소하면서 전기차 시장이 독립적으로 성장할 수 있도록 유도하려는 방향으로 가고 있다.

이처럼 한국 정부가 전기차 전환에 신중한 태도를 보이는 것은 단순히 내연기관차 제조업만의 문제가 아니라, 자동차 산업과 연관된 전후방 산업의 변화, 충전 인프라 구축 문제, 보조금 정책의 지속 가능성 등 복합적인 요소들이 맞물려 있기 때문이다. 따라서 전기차 확산을 가속화하기 위해서는 단순한 정책적 지원을 넘어 충전 인프라 확충, 관련 산업의 연착륙 방안, 시장 자생력 확보 등 다각적인 접근이 필요할 것이다.

전기차와 스마트 시티: 미래 도시 혁신의 중심축

그럼에도 우리나라는 스마트 시티 등 전기차와 자율주행 기술에 기반한 다양한 인프라 구축에 나서고 있다. 특히 스마트시티는 지속 가능한 도시 발전과 새로운 산업 육성을 위한 플랫폼으로, 정보통신기술(ICT)을 접목하여 효율적인 도시 관리를 목표로한다. 주요 국가 시범도시로는 세종 5-1 생활권과 부산 에코델타시티가 있으며, 이들 도시는 첨단 기술을 활용한 스마트 서비스를 도입하여 미래형 도시 모델을 구축하고 있다. 또한, 지역 거점 및 중소도시에서도 스마트 시티 조성 사업이 활발히 진행 중이며, 스마트 챌린지 프로그램을 통해 다양한 혁신 기술과 서비스를 실증하고 확산시키고 있다.

이런 스마트 시티 구축에서도 전기차의 역할은 중요하다. 전기차는 기존 내연기관차와 달리 데이터 수집 및 분석이 가능하며, 이를 활용해 실시간 교통 관리, 에너지 최적화, 대기 질 모니터링 등 다양한 스마트 시티 솔루션을 구현할 수 있다. 한국은 이미 스마트 시티 프로젝트를 적극 추진하고 있으며, 전기차와 결합된 데이터 기반 도시 관리 시스템을 통해 글로벌 경쟁력을 한층 강화할 수 있다. 전기차 전환은 단순히 한 가지 산업의 변화가아니라, 한국이 기술 혁신을 선도하고 글로벌 경쟁력을 높이는 중요한 전환점이 될 것이다. 초고속 인터넷의 성공적인 보급처럼, 전기차 전환 역시 향후 10년, 20년 후 한국이 글로벌 기술 강국으로 자리매김하는 핵심적인 요소가 될 것이다.

전기차의 진화: 이동을 넘어 '제4의 공간'으로

전기차로의 빠른 전환은 단순한 기술 변화나 시장의 흐름을 따라가는 것을 넘어, 우리가 경험하는 시간과 공간, 나아가 삶의 방식을 근본적으로 재구성하는 과정이다. 이 변화의 중심에는 '제4의 공간'이 있으며, 이는 물리적 공간을 넘어 우리가 살아가는 방식 자체를 혁신하는 새로운 환경을 의미한다.

전기차는 갈수록 단순한 이동 수단이 아니라, 이동 중에도 의미 있는 경험을 할 수 있는 공간으로 변모하게 될 것이다. 과거 자동차가 목적지까지 가는 '연결의 도구'였다면, 이제 전기차는 이동하면서도 업무를 처리하고, 가족과 시간을 보내며, 개인적인 여유를 즐길 수 있는 '모빌리티의 여유'를 제공하는 공간이 되었다. 자율주행 기술이 발전하면 이동 시간은 단순한 교통 체증 속에서 소모되는 시간이 아니라, 개인의 생산성과 여가를 위한 가동 가능한 시간이 된다.

전기차의 정숙성과 공회전 없는 특성은 그 자체로 새로운 공간을 창출하며, 불필요한 엔진 소음과 배기가스에서 벗어나 개인적인 활동을 위한 자유로운 환경을 제공한다. 이처럼 전기차는 제4의 공간을 현실로 만들어가는 첫걸음이 되고 있다. 이동이라는 개념을 넘어, 이제 우리는 이동 중에도 업무를 하고, 휴식을 취하며, 더 나은 삶을 설계할 수 있는 기회를 얻게 된다.

이동의 혁신이 가져올
새로운 산업 생태계

제4의 공간은 개인의 편의를 넘어 사회 전반의 혁신을 이끌어 낼 잠재력을 가지고 있다. 전기차 보급이 빠르게 이루어질수록 새로운 산업 생태계가 형성되고 각 분야에서 큰 변화가 일어날 것이다. 전기차의 보급과 전환이 촉진되면 스마트 그리드 및 재생에너지 활용이 극대화되며, 이동식 오피스, 공유 모빌리티, 차량 내 엔터테인먼트 플랫폼과 같은 혁신적인 서비스 모델이 등장할 것이다.

이는 모빌리티, 에너지, 도시 인프라를 아우르는 복합적인 산업 구조를 만들어내며, 한국이 다양한 분야에서 글로벌 시장에서 선도적인 역할을 할 수 있는 기회를 제공한다. 전기차와 제4의 공간 개념의 결합은 시간과 공간의 개념을 재정립하게 만든다. 이동 시간은 낭비되는 시간이 아니라, 업무를 수행하거나 창의적인 활동을 하는 공간으로 전환될 것이며, 이는 현대인의 라이프스타일을 혁신적으로 변화시킬 것이다.

이동을 넘어 삶의 방식까지 혁신하다

전기차를 중심으로 한 제4의 공간은 단순한 효율성을 극대화하는 것을 넘어, 인간 중심의 혁신을 실현하는 플랫폼이 될 것이다. 지금까지 사회는 물리적 공간을 기반으로 한 산업 구조를 유지해왔지만, 전기차와 제4의 공간의 융합은 공간의 제약을 허물고 새로운 가능성을 제공할 것이다.

자율주행 전기차는 사용자의 라이프스타일에 맞춘 맞춤형 경험을 제공하며, 이동 중에도 업무를 보고, 휴식을 취하며, 엔터테인먼트를 즐길 수 있는 공간으로 변화할 것이다. 더 나아가 전기차는 단순한 이동 수단을 넘어 교통 체증, 대기 오염, 소음 문제를 해결하며, 지속 가능한 도시 환경을 조성하는 핵심 역할을 하게 될 것이다. 이제 우리는 전기차 전환이 가져올 제4의 공간이라는 새로운 미래를 향해 나아가야 할 시점에 서 있다. 전기차는 단순히 기존 내연기관차를 대체하는 것이 아니라, 시간과 공간, 그리고 삶의 방식을 혁신하는 전환점이 될 것이다.

이제 우리는 이동을 단순한 이동으로 보지 않고, 그 시간을 어떻게 가치 있게 사용할지 고민해야 한다. 전기차는 새로운 시간의 시작이자, 새로운 공간의 도전이다. 이것은 단순한 기술 혁신을 넘어, 인류가 향후 100년, 200년 동안 살아갈 방식을 근본적으로 변화시키는 혁신적 여정이다. 그리고 그 변화의 중심에는 '제4의 공간'이 있으며, 이 공간을 통해 우리는 지속 가능한 미래로 나아가고, 글로벌 경쟁에서 선도하는 강국으로 자리매김할 것이다. 이제 우리는 이 변화를 적극적으로 수용하고, 새로운 시대를 준비해야 한다.

우리에게 남겨진 과제들

전기차와 자율주행 기술이 결합되면서 이동 시간이 단순한 이동이 아니라, 가치 창출과 경험을 확장하는 공간으로 변화할 것이라는 주장이 설득력 있게 다가오는가?

단순한 교통수단에서 벗어나 모바일 오피스, 엔터테인먼트 공간, 이동식 상업 공간, 의료 서비스, 공유 경제 플랫폼으로 발전하면서, 이동 자체가 하나의 경험이자 경제적 활동이 되는 시대가 열리게 될 것이다. 따라서 우리는 앞으로 맞이하게 될 새로운 형태의 이동 공간을 어떻게 활용할 것인가, 이동 시간을 어떻게 가치 있게 만들 것인가를 고민해야 하며, 이는 기업과 개인 모두에게 새로운 기회를 제공할 것이다. 미래의 도시는 이동을 단순한 과정이 아닌, 새로운 형태의 라이프스타일이 펼쳐지는 공간으로 발전하게 될 것이 분명하다.

전기차로의 전환은 단순한 기술 변화가 아니라, 기존 내연기관차 산업과의 구조적 갈등을 수반하는 대규모 산업 전환 과정이다. 이는 기술 대체를 넘어 자동차 산업 전반의 생태계를 재구성해야 하는 도전 과제를 포함하고 있다.

산업, 고용, 인프라, 환경의 과제와 대응 전략

첫째, 내연기관차 제조업에 깊이 뿌리내린 부품 공급망의 붕괴 위험이 존재한다. 내연기관차는 평균적으로 3만 개 이상의 부품이 필요하지만, 전기차는 구조가 단순화되어 약 1만 개의 부품으로도 생산이 가능하다. 3분의 1 수준이다. 이는 기존 부품 공급망의 축소를 의미하며, 수천 개의 중소기업이 기술 전환을 이루지 못하면 도태될 위험이 크다는 뜻이다. 엔진, 변속기, 배기 시스템을 중심으로 성장해온 기존 부품 제조업체들은 이제 전기차 배터리, 모터, 전력 제어 시스템으로의 전환을 강력하게 요구받고 있다.

둘째, 내연기관차에 특화된 노동자들의 고용 안정성 문제가 대두된다. 기존 자동차 제조업 근로자들은 엔진 조립, 변속기 제작 등 특정 공정에 숙련되어 있으나, 전기차 전환이 진행되면 이러한 직무의 필요성이 줄어들어 대규모 실직으로 이어질 가능성이 높다. 이를 해결하기 위해 독일에서는 근로자들을 대상으로 전기차 배터리 조립과 유지보수 기술 교육을 제공하며, 정부와 기업이 협력해 전환기 근로자의 재교육을 지원하는 대규모 예산을 투입하고 있다. 한국 역시 이러한 전환 프로그램을 적극적으로 도입해야 한다.

셋째, 전환 속도에 따라 에너지 산업 전반에 걸친 변혁이 요구된다. 전기차는 주유소 기반의 인프라 대신, 충전소와 스마트 그리드 시스템이 필수적이다. 그러나 이러한 충전 인프라 구축에는 높은 초기 비용이 필요하며, 도시와 교외 간의 접근성 격차가 발생할 위험이 있다. 예를 들어, 도심 지역에서는 전기차 충전소가 급격히 증가하는 반면, 농촌 지역에서는 여전히 충분한 인프라가 마련되지 않은 상황 말이다.

넷째, 전기차 전환은 환경적 논란도 포함하고 있다. 전기차 배터리 생산은 여전히 대량의 에너지를 소비하며, 채굴 과정에서 환경 파괴와 윤리적 문제가 발생할 가능성이 크다. 한국은 이러한 문제를 해결하기 위해 리튬 재활용 기술을 개발하고 있으며,

이를 통해 자원 채굴로 인한 환경 부담을 줄이고 순환 경제를 촉진하려는 노력을 기울이고 있다.

이러한 도전 과제를 해결하기 위해서는 정부, 기업, 그리고 사회 전반의 협력이 필요하다. 정부는 산업 전환을 위한 장기적인 로드맵을 제시하며, 기술 전환 속도를 조율해야 한다. 기업은 연구개발에 적극적으로 투자하여 경쟁력을 확보해야 하며, 지역 사회는 전환 과정에서의 충격을 완화하기 위한 공동체 기반의 대안을 모색해야 한다. 한국이 이러한 과제를 슬기롭게 극복한다면, 전기차 산업에서 글로벌 리더십을 확보할 기회를 만들 수 있다. 이는 단순한 기술 혁신을 넘어 지속 가능한 미래를 위한 새로운 산업 생태계를 구축하는 전환점이 될 것이다.

화재 사건과 신뢰 회복을 위한 대책

2024년 발생한 청라 화재 사건은 전기차에 대한 사회적 불신을 급격히 증폭시킨 사건이었다. 일부 언론이 자극적인 보도를 통해 부정확한 기사를 쏟아냈고, 인터넷과 소셜미디어에서 확대 재생산되며 사건의 본질이 왜곡되었다. 그 결과, 한국의 전기차 시장은 다른 국가들과 달리 성장세가 역전되는 상황을 맞이하기도 했다. 이러한 사회적 혼란을 극복하기 위해서는 다음과 같은 대책이 필요하다.

첫째, 기술적 신뢰성을 높이기 위한 정부와 기업의 협력이 절실하다. 전기차 배터리의 안전성을 높이기 위한 연구 개발을 강화하고, 화재 예방 기술 및 긴급 대응 체계를 체계화해야 한다. 배터리 모니터링 시스템을 통해 화재 발생 가능성을 조기에 감지하거나, 자동화된 화재 진압 시스템을 도입하는 등의 방안이 효과적일 것이다.

둘째, 정부 주도의 대대적인 홍보와 캠페인이 필요하다. '안전한 전기차, 더 나은 미래'와 같은 메시지를 통해 전기차의 장점을 재조명하고, 전기차가 가져올 긍정적인 변화를 국민들에게 적극적으로 알리는 것이 중요하다.

셋째, 올바른 전기차 사용자 문화를 확립하기 위한 교육과 정책적 지원이 병행되어야 한다. 전기차 충전 에티켓, 배터리 관리 지침, 화재 예방 수칙 등을 포함한 사용자 교육 프로그램을 전국적으로 확산하고 지속적이고 꾸준하게 소통할 필요가 있다.

넷째, 전기차 보급이 확대되면서, 전기차의 안전성과 관련한 우려 또한 커지고 있다. 전기차 화재는 여전히 대중이 전기차를 신뢰하는 데 있어 중요한 이슈이며, 이러한 신뢰를 구축하는 과정이 전기차 전환의 핵심 과제 중 하나다.

인천 청라 아파트 지하주차장에서 발생한 전기차 화재 사건은 단순한 사고가 아니라, 전기차 인프라와 안전 문제에 대한 신뢰 구축이 얼마나 중요한지를 보여준 사례다. 이 사고로 인해 차량 140여 대가 불에 타고, 수십 명이 연기를 흡입하는 등 큰 피해가 발생했다. 그러나 화재 원인이 명확히 규명되지 못하고 피해 보상 책임 소재가 불분명한 상태로 남아 있다는 점은, 전기차 화재 대응 체계가 여전히 미비하다는 점을 시사한다.

이러한 안전 문제를 해결하기 위해서는 정부와 기업, 연구기관이 협력하여 전기차 화재 대응 시스템을 보다 강화하고, 소비자들이 신뢰할 수 있는 안전 기준을 마련하는 것이 필수적이다. 특히, 전기차 화재의 원인을 보다 체계적으로 분석하고, 배터리 안정성을 높이는 기술 개발과 화재 진압 매뉴얼의 개선이 필요하다. 문제 발생 시 사후 관리에 대한 대응책도 마찬가지다.

또한, 전기차의 장점과 안전성을 명확히 알리고, 사용자 문화를 선진화하는 것도 중요한 과제다. 전기차는 내연기관차보다 화재 발생 빈도가 낮고, 배기가스가 없어 친환경적이라는 장점을 갖고 있다. 그러나 전기차 화재는 발생 시 진압이 어려운 특성이 있기 때문에, 이에 대한 명확한 대응책과 안전 매뉴얼이 마련되어야만 소비자의 신뢰를 얻을 수 있다.

결국, 전기차로의 전환이 성공적으로 이루어지기 위해서는 단순한 기술 발전을 넘어, 소비자들이 신뢰할 수 있는 환경을 조성하는 것이 중요하다. 스마트폰과 인터넷 보급 속도가 세계 최고였던 점을 감안하면, 우리나라의 전기차 시장 성장세는 상대적으로 더딘 편이다. 전기차의 안전성에 대한 불안감 역시 중요한 원인이다. 한국이 전기차 전환의 선도국으로 도약하기 위해서는 안전성과 충전 인프라 확충을 동시에 추진하며, 전기차 사용 문화를 더욱 정교하게 다듬어야 할 것이다.

전기차, 단순한 대체제가 아닌 미래 혁신의 중심

전기차를 단순한 내연기관차의 친환경 대체제로만 바라보는 시각은 그 가능성을 심각하게 축소하는 것이다. 전기차는 단순한 기술적 대안이 아니라, 이동, 에너지, 생활 문화를 혁신하는 중심 기술로 자리 잡을 수 있다. 우선, 전기차는 탄소 배출 절감 이상의 의미를 가진다. 이동 시간을 창의적이고 생산적으로 활용할 수 있는 기회를 제공하며, 차량 내부를 업무, 여가, 휴식을 위한 제4의 공간으로 탈바꿈시킨다. 전기차의 정숙성과 공회전 없는 특성은 업무를 수행하거나 가족과 시간을 보내기에 최적화된 환경을 만든다.

또한, 전기차 전환은 기술적 혁신을 가속화하며, 새로운 비즈니스 모델과 사회적 변화를 가능하게 한다. 배터리 기술의 발전은 스마트 그리드와 재생 에너지 활용을 극대화할 수 있으며, 이는 지속 가능한 에너지 소비와 도시 설계의 토대를 마련할 것이다.

이제는 기존의 내연기관차 중심적 사고에서 벗어나, 전기차를 통해 펼쳐질 새로운 미래를 상상하고 이를 실현할 방법을 고민해야 할 때다. 전기차는 단순한 대체제가 아니라, 우리의 삶과 도시를 혁신할 수 있는 핵심적인 기술이다. 이를 위해 정부, 기업, 그리고 시민 사회가 함께 나아가야 한다.

전기차 신뢰성 확보를 위한 필수 과제

전기차에 대한 소비자들의 우려를 잠재우기 위해서는 기술적 신뢰성 확보, 인프라 확충, 정책적 지원, 대중 인식 개선, 그리고 사용자 경험 강화를 위한 다각적인 노력이 필요하다. 우선, 전기차의 안전성과 성능에 대한 기술적 신뢰를 높이는 것이 필수적이다. 이를 위해 배터리 화재 예방 기술을 지속적으로 개발하고, 배터리 내구성을 개선하며, 충전 속도를 높이는 연구가 병행되어야 한다. 또한, 배터리 모니터링 시스템과 화재 감지 기술을 고도화하여 전기차의 안전성을 객관적인 데이터로 입증하는 것이 중요하다.

그렇다면 전기차의 안전성과 성능에 대한 기술적 신뢰를 높이기 위한 어떤 노력들이 이어지고 있을까? 배터리 안전성 향상을 위해 업계는 고성능 배터리 관리 시스템(BMS, Battery Management System)을 개발하고 있다. BMS는 배터리 셀의 온도, 전압, 충전 상태를 실시간으로 모니터링하여 과열이나 과충전과 같은 위험 요소를 방지한다. 또한, 전고체 배터리(Solid-State Battery) 기술이 연구되고 있으며, 이는 기존 리튬이온 배터리보다 화재 위험이 낮고 에너지 밀도가 높아 전기차의 안전성과 주행거리를 동시에 개선할 수 있다.

또한 소프트웨어 및 하드웨어 최적화를 통해 전기차의 신뢰성을 높이고 있다. OTA(Over-the-Air) 소프트웨어 업데이트 기술을 통해 주행 중 발생할 수 있는 문제를 원격으로 수정하고, 최신 보안 패치를 적용해 해킹 및 소프트웨어 오류를 방지할 수 있도록 하고 있다. 또한, 전기 모터의 효율성을 향상시키기 위해 회생제동 시스템(Recuperative Braking)을 최적화하여 에너지 손실을 줄이고 성능을 극대화하는 기술이 꾸준히 발전하고 있다.

마지막으로 충전 인프라 개선 및 배터리 수명 연장 기술이 전기차의 신뢰성을 높이는 데 중요한 역할을 한다. 급속 충전 기술의 발전과 더불어 V2G(Vehicle-to-Grid) 기술을 활용해 배터리 수명을 관리하고, 안정적인 충전 환경을 구축하는 것이 핵심 과제로 떠오르고 있다. 또한, 충전소에서의 안전 모니터링 시스템을 통해 배터리 이상 징후를 조기에 감지하고 예방할 수 있는 기술이 도입되고 있다. 이러한 기술적 노력들은 전기차의 안전성과 성능에 대한 신뢰도를 지속적으로 높이며, 소비자들이 전기차를 보다 안전하고 안정적인 이동 수단으로 받아들이는 데 기여하고 있다.

충전 인프라 확충의 필요성

충전 인프라의 확충도 전기차 보급 확대에 필수적인 요소다. 도심뿐만 아니라 교외 지역에서도 편리하게 충전할 수 있도록 공공 충전소를 확대하고, 아파트 단지와 업무용 건물에도 충전 인프라 설치를 의무화하는 정책을 시행해야 한다. 또한, 초급속 충전 기술을 도입하여 충전 시간이 내연기관 차량의 주유 시간과 비슷한 수준으로 단축되도록 해야 한다.

정부와 기업의 적극적인 정책적 지원도 필요하다. 보조금 지원 확대, 전기차 충전 요금 인센티브 제공, 전기차 전용 주차 구역 확보 등의 정책을 통해 전기차를 이용하는 소비자들에게 실질적인 혜택을 제공해야 한다. 또한, 배터리 재활용 및 친환경 생산 기술 개발을 적극적으로 지원하여 전기차의 지속 가능성을 높이고, 배터리 생산 과정에서 발생하는 환경 문제에 대한 해결책을 마련해야 한다.

전기차 대중화의 핵심 전략

대중 인식 개선을 위한 교육과 홍보도 중요한 역할을 한다. 전기차가 기존 내연기관 차량보다 유지비가 저렴하고 친환경적이며, 장기적으로 경제적인 선택이라는 점을 적극적으로 알리는 캠페인을 진행해야 한다. 전기차 사용자들의 긍정적인 경험을 공유하고, 기존 우려를 해소할 수 있는 실증 데이터를 제공하여 신뢰를 쌓는 것도 효과적인 전략이 될 수 있다.

마지막으로, 전기차의 사용자 경험을 바로 알리는 것, 그리고 널리 알리는 것이 전기차 전환을 촉진하는 핵심 요소다. 전기차의 정숙성, 주행의 부드러움, 스마트 기술과의 연계성 등을 강조하여 기존 내연기관차와 차별화된 장점을 소비자들에게 체험할 기회를 제공해야 한다. 이를 위해 전기차 체험 프로그램을 확대하고, 시승 이벤트를 활성화하며, 공유 전기차 서비스를 통해 사람들이 전기차를 직접 이용해볼 수 있도록 유도하는 것도 좋은 방법이다. 결국, 전기차에 대한 우려를 불식시키기 위해서는 기술적 발전과 함께 사회적, 정책적, 문화적 기반이 함께 조성되어야 한다. 이를 통해 전기차가 단순한 선택지가 아니라, 미래 모빌리티의 표준으로 자리 잡을 수 있도록 만들어야 한다.

초고령사회 대한민국과
제4의 공간의 역할

초고령사회가 야기할 미래의 문제들은 경제, 노동시장, 복지 시스템, 도시 구조, 세대 간 갈등 등 다양한 영역에서 심각한 영향을 미칠 것이다. 우선 생산 가능 인구 감소와 노동력 부족 문제가 심화될 것이다. 초고령사회에서는 경제를 지탱하는 젊은 층의 노동 인구가 급감하면서 기업의 생산성과 국가 경쟁력이 저하될 위험이 크다.

다가올 초고령 사회의 다양한 문제들

의료·돌봄 서비스의 수요 증가와 의료비 폭증도 큰 문제로 다가올 것이다. 고령층의 만성질환 증가와 노인 의료 수요 확대는 의료 시스템에 막대한 부담을 줄 것이며, 요양 시설과 간병인의 부족 문제도 심각해질 전망이다. 특히 1인 가구 고령층이 증가하면서 독거노인의 고립 문제와 사회적 돌봄 시스템의 한계가 더욱 부각될 가능성이 높다.

도시 및 주거 환경 변화도 불가피하다. 초고령사회에서는 노인 친화적인 도시 설계가 필요하며, 대중교통 접근성을 높이고, 무장애(Barrier-Free) 주거 공간을 확충하는 등의 노력이 요구된다. 또한, 농촌과 지방에서는 젊은 인구 유출로 인해 빈집 증가와 인프라 유지 문제도 심각해질 것이다. 결국, 초고령사회가 야기할 문제들은 단순히 노인 복지의 확대를 넘어, 경제·사회 전반에 걸친 구조적 변화를 필요로 하는 복합적인 도전 과제들로 작용할 것이다. 그렇다면 이러한 문제들에 대해 전기차와 자율주행 등의 새로운 기술은 어떤 기여를 할 수 있을까?

노인의 사회적 고립의 문제 해결

전기차와 자율주행 기술은 고령층의 이동 편의성을 높이는 역할을 할 것이다. 자율주행 전기차와 같은 기술이 발전하면, 노년층은 대중교통 이용이 어려운 상황에서도 자유롭게 이동할 수 있는 개인화된 교통 수단을 확보할 수 있다. 이는 의료기관 방문, 친교 모임, 사회 활동 등의 접근성을 높이며, 노인의 사회적 고립을 완화하는 데 기여할 것이다.

또한, 제4의 공간은 이동식 건강 관리 및 복지 서비스 제공의 거점이 될 수 있다. 원격 의료 시스템과 결합된 스마트 차량을 통해 건강 진단, 약품 전달, 상담 서비스 등이 이동 중에도 가능해질 것이며, 이는 의료 접근성이 낮은 노년층에게 새로운 의료 지원 방안을 제시할 수 있다.

더 나아가, 고령층의 여가 및 사회적 교류 공간으로도 활용될 것이다. 기존의 여가 공간이 물리적으로 고정된 반면, 제4의 공간은 이동 중에도 영화 감상, 음악 감상, 독서, 온라인 강의 수강 등의 문화·교육 활동이 가능하도록 설계될 수 있다. 이를 통해 노년층은 공간 이동과정에서도 보다 활발한 사회참여 활동을 이어가며 정서적 안정과 만족감을 얻을 수 있다.

자유롭고 독립적인 생활 방식의 선택

마지막으로, 주거 공간의 대안으로 기능할 가능성이 크다. 1인 가구가 증가하고 노년층의 주거 비용 부담이 커지는 상황에서, 전기차 기반의 이동형 생활 공간이나 자율주행 RV형 차량이 단기 혹은 장기적인 주거 대안으로 활용될 수 있다. 이를 통해 노년층은 경제적 부담을 줄이면서 보다 자유롭고 독립적인 생활 방식을 선택할 수 있다.

결론적으로, 초고령사회에서 제4의 공간은 단순한 이동 수단을 넘어, 노년층의 자율성과 이동성을 보장하는 핵심 공간으로 자리 잡을 것이다. 개인화된 이동 서비스, 건강 관리, 여가 활동, 사회적 교류를 지원하는 기능을 통해, 보다 활기차고 만족스러운 노후 생활을 가능하게 할 것으로 예상된다.

수도권 과밀화로 인한 문제들

한국의 지방 소멸 문제는 수도권으로의 인구 집중과 지방 인구 감소가 심화되면서 지방 도시의 경제·사회적 기능이 약화되고, 궁극적으로 소멸 위기에 처하는 현상을 의미한다. 이 문제는 농촌과 소도시뿐만 아니라 지방 거점 도시들까지도 인구 감소와 경제 침체를 겪으며 점점 더 심각해지고 있다. 여기에는 몇 가지 중대한 원인이 있다.

첫째, 수도권 집중 현상이 심화되면서 지방의 젊은 인구가 지속적으로 유출되고 있다. 수도권에는 양질의 일자리, 교육, 의료, 문화시설이 집중되어 있어 지방 청년층이 수도권으로 이동할 수밖에 없는 구조가 형성되었다. 특히 서울과 경기 지역은 전국 경제의 50% 이상을 차지하고 있으며, 이는 지방의 경제적 기회를 감소시키는 요인으로 작용하고 있다.

둘째, 출산율 저하와 초고령화가 지방의 인구 구조를 더욱 악화시키고 있다. 지방에서는 이미 65세 이상 고령 인구가 전체의 20~30%를 차지하는 지역이 많아, 노동력 부족과 경제활동 위축이 심각한 수준이다. 젊은 층의 유출과 출산율 저하가 맞물리면서, 지방은 지속 가능한 경제와 사회 구조를 유지하기 어려워지고 있다.

셋째, 산업 구조 변화와 지역 경제 침체도 심각한 원인으로 꼽힌다. 전통적으로 지방 경제를 지탱하던 제조업과 농·어업 기반이 약화되면서 일자리 기회가 급격히 줄어들었다. 특히 지방 중소도시와 농촌 지역의 경우 산업 다변화가 제대로 이루어지지 않아, 경제적 활력이 떨어지고 지역 경제가 쇠퇴하는 악순환이 발생하고 있다.

넷째, 정주 환경과 생활 인프라의 부족도 지방 인구 감소의 중요한 요인이다. 수도권에 비해 의료, 교육, 문화시설이 부족하고 교통망도 열악해, 지방에서 거주하는 것이 불편하다는 인식이 강하다. 특히, 지방의 청년층과 신혼부부들은 아이를 키우기 좋은 환경을 고려하여 수도권으로 이주하는 경향이 뚜렷하다.

지방 소멸 문제의 해결책

지방 소멸을 막기 위해서는 경제, 인구, 생활 인프라 등 다양한 측면에서 종합적인 대응이 필요하다.

첫째, 지방 일자리 창출과 산업 다변화가 필수적이다. 지역에 특화된 산업을 육성하고, 스마트 농업·관광·바이오·친환경 에너지 등 신산업을 적극적으로 도입해야 한다. 또한, 수도권 기업의 지방 이전을 장려하고, 창업 생태계를 조성하여 지역 내 고부가가치 일자리를 창출하는 것이 중요하다.

둘째, 균형 발전을 위한 인프라 확충이 필요하다. 수도권과 지방 간의 교통망을 개선하고, KTX·GTX 등 광역 교통 시스템을 확대하여 지방에서도 수도권과의 접근성을 높이는 것이 중요하다. 또한, 지방에 거점을 두고 있는 대학과 연구기관을 적극 활용해, 지역 인재가 수도권으로 빠져나가지 않고 지역 내에서 성장할 수 있도록 해야 한다.

셋째, 청년층과 신혼부부를 위한 정주 환경 개선이 필요하다. 지방에서 아이를 키우기 좋은 환경을 조성하기 위해 보육·교육·의료 서비스를 강화하고, 문화·여가 시설을 확충해야 한다. 또한, 지방에서 주택을 구입하거나 장기 거주하는 경우 세금 감면과 주거 지원을 확대하는 것도 고려할 필요가 있다.

그리고 마지막으로 자율주행, 원격근무, 제4의 공간과 연계한 지방 활성화 전략이 필요하다. 자율주행과 전기차 인프라가 확대되면 이동 시간이 단축되고, 원격근무가 가능해지면서 지방에서도 수도권 수준의 직장 환경을 구축할 수 있다. 이를 활용해 지방에서도 재택근무와 스마트워크센터를 활성화하고, 관광·휴양형 주거지로의 전환을 모색하는 것도 대안이 될 수 있다.

지방 소멸과 제4의 공간의 역할

교통 인프라의 격차는 중대한 문제다. 수도권은 광역철도망, 고속도로, 광역버스 등 편리한 대중교통 인프라가 잘 갖춰져 있어 출퇴근 시간이 절약되고, 다양한 서비스에 접근할 수 있는 반면, 지방은 교통 인프라가 상대적으로 부족하여 이동에 많은 시간이 소요된다. 이로 인해 지방 거주민들은 직장, 학교, 병원, 문화 시설 등을 이용하는 데 불편을 겪으며, 삶의 질에서 수도권과 격차가 벌어지는 원인이 된다.

예를 들어, 수도권에서는 서울에서 경기도로 출퇴근하는 경우 지하철과 광역버스를 이용해 비교적 짧은 시간 내에 이동할 수 있지만, 지방에서는 출퇴근을 위해 자가용에 의존해야 하는 경우가 많고, 대중교통 이용 시 배차 간격이 길어 이동 시간이 길어진다. 이는 직장 선택의 폭을 좁히고, 경제 활동의 기회를 제한하는 요소로 작용한다. 교통이 원활한 수도권에서는 대형 병원과 명문 학교, 다양한 교육 기관을 쉽게 이용할 수 있지만, 지방에서는 의료와 교육 서비스 접근성이 제한된다. 이는 특히 고령층과 학생들에게 큰 영향을 미친다.

교통 인프라가 잘 갖춰진 수도권에서는 다양한 직업군과 산업이 밀집해 있어 취업 기회가 많고, 창업 환경도 유리하다. 반면, 교통망이 취약한 지방에서는 기업 유치가 어렵고, 일자리 선택의 폭이 제한되며, 결국 청년층이 수도권으로 이동하는 결과를 초래한다. 이는 지방 경제의 침체로 이어지고, 인구 감소로 인해 소비 기반이 약화되면서 지역 경제가 악순환에 빠지는 결과를 초래한다. 이러한 문제를 해결하지 못하고 방치하면 수도권은 교통망의 확장과 기업의 집중으로 인해 더욱 발전하며, 생활 환경의 격차가 심화될 것이다.

교통망이 열악한 지방에서는 경제 활동과 생활 기반이 취약해져 젊은 층의 수도권 유입이 계속 증가하고, 반대로 지방에서는 고령 인구 비중이 증가하며 소멸 위기를 맞고 있다. 특히, 수도권과 가까운 지방 중소도시는 인구 유출이 더욱 심각해지면서 지방 경제의 자립이 어려워지고, 행정 서비스 유지도 힘들어지는 상황이 발생하고 있다.

수도권 집중 완화를 위한 새로운 모델

제4의 공간은 수도권과 지방 간의 교통과 생활 환경의 격차를 줄이는 데 기여할 것이다. 자율주행 전기차와 같은 모빌리티 혁신이 발전하면, 수도권과 지방 간 이동 시간이 효율적으로 단축되고, 이동 중에도 업무, 학습, 여가를 수행할 수 있는 환경이 조성될 것이다. 이는 수도권 거주자의 지방 이동을 촉진하며, 지방에서도 경제활동과 생활이 지속될 수 있도록 돕는다.

제4의 공간은 지방 거주자의 생활 편의성을 향상시키는 새로운 기반이 될 것이다. 수도권과 달리 지방에서는 의료·교육·문화 인프라가 부족한 경우가 많다. 하지만 제4의 공간을 활용한 이동형 원격 의료 서비스, 이동식 학습 공간, 스마트 모빌리티 기반의 문화 체험 공간 등이 도입되면, 지방에서도 대도시 수준의 서비스를 누릴 수 있는 환경이 마련될 것이다.

더 나아가, 제4의 공간은 수도권 집중을 완화하는 새로운 주거·업무 모델을 제공할 것이다. 원격 근무와 스마트 워크가 확산됨에 따라, 자율주행차나 전기차를 활용한 이동식 오피스, 스마트 모빌리티 주거 모델이 등장할 가능성이 높다. 이를 통해 수도권의 높은 주거 비용을 피하면서도 지방에서 생활하며 수도권의 경제활동에 참여하는 '하이브리드 라이프스타일'이 가능해질 것이다.

또한 제4의 공간은 지역 경제 활성화에도 기여할 것이다. 이동형 상점, 공유 경제 기반의 모빌리티 서비스, 스마트 물류 시스템이 결합되면 지방 소규모 사업자들도 수도권과 연결된 경제 활동을 시작하고 지속할 수 있다. 이는 지방 경제의 자생력을 강화하고, 수도권과 지방 간의 경제적 불균형을 완화하는 역할을 하게 될 것이다.

결국, 제4의 공간은 수도권과 지방 간의 불균형을 해결하는 중요한 매개체로 작용하며, 지역 간 이동성 확대, 생활 서비스 접근성 향상, 새로운 주거·업무 모델 도입을 통해 대한민국의 공간적 재구성을 촉진할 것이다. 이로써 수도권의 인구 과밀 문제를 완화하고, 지방의 지속 가능성을 높이는 해결책으로 자리 잡을 가능성이 크다.

CHAPTER
6

충전구역에서 벌어지는
공존의 시험

제4의 공간의
진짜 과제

"충전하려고 했더니 또 불법주차 차량이 자리를 막고 있더라고요."

"우린 주차할 곳도 없는데 전기차는 빈자리 전용으로 특혜를 받는다니까요."

대한민국의 지하주차장에는 이제 조용한 전장의 분위기가 흐른다. 전기차 보급이 일상화되는 동시에, 그 전환이 몰고 온 공간의 재구성이 일상 속 갈등으로 터져 나오고 있다. 자동차가 바뀌자 공간도 바뀌었다. 하지만 사람들의 인식과 제도는 그 변화의 속도를 따라잡지 못하고 있다.

2025년 5월, 한 언론에서 인천의 한 아파트 지하주차장에서 벌어진 논쟁을 보도했다. 기사 제목은 이랬다.

"주차전쟁인데, 전기차만 특혜" vs "불법주차로 매번 충전 애먹어"

사건의 배경은 단순하다. 전기차 충전구역에 내연기관차가 버젓이 주차돼 있었고, 이를 항의한 전기차 소유자와의 언쟁이 커졌다. 관리사무소는 중재에 나섰지만 명확한 규정은 없었고, 충전기 앞에 '충전 차량 외 주차금지' 문구만 희미하게 적혀 있었다. 어느 누구도 틀린 말을 한 것은 아니었다. 하지만 모두가 불편했다. 익숙한 질서 속에 갑작스레 등장한 새로운 기능이 기존의 규범과 충돌하는 장면이었다.

공간의 의미가 충돌하는 순간

지하주차장은 한때 '비워진 공간'이었다. 선착순 점유라는 암묵적 질서가 지배하던 곳. 그러나 전기차는 그 공간을 '비워진 기능 공간'으로 바꾸어버렸다. 충전이라는 구체적 목적이 공간의 쓰임을 바꿔놓은 것이다. 이때의 '충전구역'은 단지 전기를 공급받는 자리에 머무르지 않는다. 그 확장은 곧 에너지 인프라로서

의 지하주차장을 재구성하는 움직임이며, 아파트라는 주거 공간
의 속성과 경계를 다시 그리는 작업이기도 하다. 충전구역의 물
리적 확충은 결국 이 공간을 '정차의 장소'에서 '이용 목적 중심의
플랫폼'으로 바꾸는 동력이 된다. 그 안에서 사람들은 이동을 준
비하고, 재충전하며, 때론 짧은 쉼을 갖는다. 그 결과 지하주차장
은 제4의 공간으로 진화하고 있다.

많은 전기차 사용자들은 충전 중 차량 내에서 업무를 보거나,
식사를 하거나, 잠시 눈을 붙이기도 한다. 그들은 차량을 '이동하
는 다락방'처럼 사용하며, 충전구역을 그들의 일상적 루틴의 일부
로 받아들이고 있다. 반면, 내연기관차 사용자들에게 충전구역은
여전히 활용되지 않는 공간처럼 보이기도 한다. '텅 빈 전용 구역'
은 누군가에겐 여유, 누군가에겐 소외로 비친다. 공간을 바라보
는 관점의 간극은 날카로운 갈등으로 이어진다.

규범보다 빠른 전환, 제도보다 앞선 변화

이 문제는 단순한 '매너'의 문제가 아니다. 그보다는 규범보다
빠르게 진입한 기술 변화가 기존의 사회적 합의와 제도 틀을 흔
드는 전형적인 갈등의 구조다. 충전 방해는 법률상 과태료 부과

대상이지만, 단속 실효성이 현저히 낮다. 충전시설 보호 조항은 아파트 단지마다 규약이 달라 통일성과 법적 구속력이 부족하다. 관리사무소는 중재자의 역할에 머무를 뿐, 뾰족한 해결책을 갖고 있지 않다.

이는 단순히 일시적인 혼란이 아니라, 제도와 문화가 따라가지 못한 구조적 문제다. 전기차 충전구역은 물리적으로 설치되어 있지만, 그 공간이 누구를 위한 것인지에 대한 사회적 합의가 아직 충분히 형성되지 않은 상태다. 일부는 이를 '전기차만을 위한 특혜 공간'으로 인식하고, 또 다른 일부는 '생활 필수 인프라'로 여긴다. 문제는 이 충전공간을 둘러싼 서로 다른 기대와 권리 의식이 충돌하면서, 기존에 형성된 공동주택 공간 질서가 흔들리고 있다는 데 있다. 결국 기술이 공간을 재정의하려 들자, 기존 사회가 이를 받아들이지 못해 마찰이 발생하는 것이다.

제4의 공간,
함께 사용하는 법을 배우는 곳

'제4의 공간'은 기술이 아니라 감각의 변화로부터 시작된다. 그 공간이 새로운 플랫폼이 되기 위해서는 사용자 간 감각의 공유와, 공동체 내부의 인식 조율이 선행되어야 한다. 이를 잘 보여주는 사례가 바로 아파트 단지 내 '공용 자전거 거치대' 이용 갈등이다. 처음에는 자주 타겠다는 생각으로 자전거를 세워두지만, 시간이 지나며 이용 빈도가 줄어들고 결국 장기 방치되는 경우가 많다. 이 가운데 일부 자전거는 먼지가 쌓이고 고장 난 채 방치되면서 미관을 해치고, 다른 주민들의 이용 기회를 가로막는 장애물이 된다. 반면, 늦게 입주했거나 새로 자전거를 구매한 주민들은 자리를 확보하지 못해 불편을 겪는다. 관리사무소가 경고장을 붙이거나 민원을 수합하는 일이 반복되지만, 근본적인 인식 개선이 이뤄지지 않는 한 갈등은 지속된다.

이처럼 공간이 '개인 소유의 편의 공간'으로 인식될 때, 원래의 공유 목적은 희미해지고 충돌이 발생한다. 전기차 충전구역도 마찬가지다. 단순히 먼저 차지한 사람이 사용하는 공간이 아니라, 충전이라는 기능과 시간을 중심으로 사용 권리가 배분되어야 한다. 이를 위해서는 '공간 문해력'을 키우는 문화적 학습이 반드시 필요하다.

인프라에서 사회적 공간으로의 변환

전기차는 더 이상 미래의 기술이 아니다. 그것은 현재이며, 현실이다. 그렇다면 이제는 충전구역도 단순한 인프라가 아닌 '사회적 공간'으로 재정의되어야 한다. 우리에게 필요한 것은 더 많은 충전기의 보급도 있지만, 동시에 그 충전기를 둘러싼 공존의 문화를 정립하는 일이다. 기술적 확장과 더불어, 그 기술이 적용되는 공간에 대한 인식과 문화가 함께 진화해야 한다.

특히 '공간 문해력'이라는 개념은 앞으로의 공존을 위한 핵심 역량이 될 것이다. 이는 단지 공간의 물리적 쓰임새를 아는 것을 넘어, 그 공간의 목적, 시간, 맥락, 타인의 사용 방식과 감정까지 함께 고려할 수 있는 능력을 의미한다. 충전이 끝났는데도 차량을 그대로 두는 행위가 왜 불편함을 초래하는지, 충전구역이 왜 단지 주차공간과 다른지를 이해하는 감각이 바로 그것이다.

이러한 감각은 자연스럽게 길러지지 않는다. 따라서 '공간 문해력'을 높이기 위한 시민 교육과 캠페인이 절실히 요구된다. 예를 들어, '차지할 때만 차지하기'와 같은 실천적 행동지침을 중심으로 충전 매너에 대한 인식 개선을 유도하는 캠페인을 전개할 수 있다. 이와 함께 커뮤니티 간 소통을 증진시키는 시뮬레이션 워크숍, 충전구역 매너를 설명하는 영상 콘텐츠, 공감 기반 인터뷰 콘텐츠 등의 제작을 통해 공존의 감각을 공유하는 활동도 필요하다. 궁극적으로는 충전구역이라는 구체적 공간을 매개로, 공동체 내 공존 역량을 키우는 교육이 필요하다. 이 문해력은 단순히 전기차 이용자만을 위한 것이 아니라, 공동주택에 거주하는 모두를 위한 상호 존중의 문화로 확장되어야 한다.

앞으로의 갈등은 단순한 공간의 소유권을 두고 벌어지기보다는 그 공간의 목적과 기능을 누가 어떻게 활용하느냐에 집중될 것이다. 충전구역처럼 특정 기능을 위해 설계된 공간은 단순히 물리적으로 점유하는 것을 넘어서, 그 공간이 만들어내는 관계와 의미를 함께 고려해야 한다. 결국 제4의 공간이 머무는 공간은 '먼저 차지하는 공간'이 아니라, '함께 존중하며 쓰는 공간'으로 진화해야 하며, 기술과 공간이 함께 발전하려면 사용자의 감각과 문화도 함께 성장해야 한다. 그것이 바로 우리가 지향해야 할 새로운 도시공동체의 질서이자, 제4의 공간이 추구해야 할 정의다.

전기차 시대의 개선 제안

지금까지 짚어보았던 전기차 시대에 필요한 제도적, 문화적 개선 제안을 간단히 요약하면 다음과 같다.

첫째, 충전방해 단속의 실효성 강화가 필요하다. 단순히 사용자의 배려나 양심에 맡기기만 할 것이 아니라, 충전 방해 차량에 대한 경고, 이력 관리, 벌점 제도 도입 등 제도와 시스템을 통한 관리가 선행되어야 한다. 또한 지자체-관리사무소 간 협업 시스템으로 실질적 대응 체계를 구축해 관리해야 한다.

둘째, 충전구역 공유 가이드라인 정비가 필요하다. '충전 목적 외 사용 금지' 원칙을 유지하되, 해당 공간의 사용 방식을 이해할 수 있도록 구체적인 이용 시간, 알림 시스템, 유예 시간 등에 대한 기준을 제시해야 한다. 일률적 통제보다는 충전 대기자와 사용자의 상호 소통 기반 알림 체계 및 주민 참여형 관리 방식 도입하는 것이 올바른 방향이다.

셋째, 공간 문해력 향상 캠페인이 필요하다. 이볼루션에서 오랫동안 펼쳐온 '차지할 때만 차지하기', '완료 후 10분 이내 이동' 등 EV 매너 전국 표준화 작업을 시행하고, 영상 콘텐츠, 공동주택 내 포스터, 유튜브 기반 사용자 교육을 활성화하여 사용자의 인식 개선을 촉구해야 한다.

넷째, 커뮤니티 기반 공존 사례 확산이 필요하다. 입주자대표회의, 지자체, 충전사업자 간의 상생 운영 사례를 공유하고, 실제로 운영되고 있는 모범 커뮤니티를 발굴하고 장려해 올바른 문화를 퍼뜨릴 수 있다.

이러한 제도적, 문화적 개선 방안의 실행과 운영과 함께, 사용자들의 인색 개선, 상호협력적인 자세가 함께한다면 모두를 위한 올바른 전기차 문화가 빠르게 정착할 것이다.

전기차 보급과 충전 인프라, 선순환을 위한 길을 찾아서

한국 전기차 시장, 어디에서 길을 잃었는가

2023년부터 본격화된 '전기차 캐즘'이라는 표현은 원래 기술 수용 주기에서 '캐즘(Chasm)' 개념을 차용한 것이지만, 전기차 시장에 직접 적용하는 방식은 명확한 학술적 근거나 국제적 표준이 없는 상태였다. 그럼에도 국내 언론을 통해 전기차 보급 정체를 설명하는 비유적 표현으로 빠르게 확산되면서, 하나의 유행어처럼 자리 잡았다. 이 현상은 한국 전기차 시장에 커다란 과제를 던졌다. 특히 2024년 청라 아파트 지하주차장 화재 사건 이후, 소비자들의 불안감이 확산되면서 전기차 판매 성장세는 정체 국면에 접어들었다.

아이러니하게도 한국은 세계 최고 수준의 충전 인프라를 갖추었음에도 불구하고, '충전소 부족'에 대한 불만과 부정적인 여론이 끊임없이 이어졌다. 이는 충전소의 절대적 수량 부족보다는 충전소의 위치, 접근성, 고장 관리, 사용 문화의 미성숙 등이 복합적으로 작용한 결과였다.

한편, 목표를 밑도는 낮은 전기차 보급률에도 불구하고 정부와 기업의 선제적 투자로 적극적으로 구축된 충전 인프라는 충전사업자들에게 과도한 비용 부담과 수익성 악화를 초래했다. 그 결과, 일부 충전사업자들은 자금경색에 따른 신규 투자 유보와 서비스 질 저하라는 악순환에 빠지게 되었다.

다각적 관점과 균형 잡힌 시각

소비자들은 충전 불편과 안전성 우려를 제기하고, 제조사들은 품질 개선과 시장 확대의 사이에서 고심하고 있다. 충전사업자들은 투자 대비 낮은 수익성에 허덕이고 있으며, 정부는 정책적 방향성과 재정적 지원 사이에서 균형을 고민하고 있다.

이 문제는 단순히 어느 한 주체의 잘못이 아니다. 다양한 이해관계자들의 입장이 복합적으로 얽혀 있는 현실이다. 그러므로 문제를 해결하기 위해서는 서로를 비난하기보다는, 열린 자세로 이해하고 협력하는 접근이 필요하다.

선순환 구조 구축을 위한 제언

하나, 소비자 인식 개선 및 사용 문화 정착

정확한 정보 제공과 교육을 통해 전기차에 대한 오해를 해소하고, 올바른 충전 매너를 확산시켜야 한다. 정부, 기업, 시민사회가 협력하여 홍보 캠페인, 체험 프로그램, 미디어 콘텐츠 제작 등을 적극 추진해야 한다.

둘, 충전 인프라 효율성 제고

기존 충전 인프라의 활용도를 높이기 위해 예약 시스템 도입, 실시간 충전기 정보 제공, 간편 결제 시스템 구축, 충전기 고장 모니터링 및 유지보수 강화 등 다양한 노력이 병행되어야 한다.

셋, 지속 가능한 성장 모델 구축

장기적 관점에서 전기차 산업 생태계를 조성하고, 충전 기술 개발과 투자를 확대해야 한다. 정부는 정책적 일관성을 유지하고, 기업은 혁신과 품질 향상에 힘쓰며, 소비자들은 적극적이고 성숙한 사용문화를 형성해야 한다.

미래를 향한 희망

지금의 어려움은 분명 새로운 시대를 향해 나아가는 성장통이다. 우리가 주춤하는 사이 미국과 중국은 앞다투어 전기차와 자율주행 기술 선진화를 내세우며 빠르게 시장을 주도하고 있는 상황이다. 그럼에도 불구하고 대한민국이 기술적 선도뿐만 아니라 전기차를 사용하는 일상 속 사용자 경험을 통해 '제4의 공간' 개념을 더 먼저 경험하고, 이를 문화적으로 정착시키는 데 있어 주도적 위치에 설 수 있는 가능성을 여전히 가지고 있다고 믿는다. 이를 바탕으로 전기차와 충전 인프라의 조화로운 발전과 함께 보다 깨끗하고 효율적인 미래 사회로 가는 길을 열 것이다.

우리는 갈등을 넘어 공존을 배우고, 시행착오를 넘어 선순환을 구축할 수 있다. 충전구역이 갈등의 상징이었던 이유는 그 공간이 단순한 주차 면적이 아니라, 충전이라는 기능적 목적을 갖게 되면서 사용자 간 기대와 권리가 충돌했기 때문이다. 그러나 우리는 이 갈등의 경험을 통해 더 나은 질서와 문화를 만들어갈 수 있다.

언젠가는 충전구역이 이질성과 대립의 공간이 아니라, 서로의 필요를 이해하고 존중하는 새로운 공동체 문화를 상징하는 공간으로 자리 잡게 될 것이다. 그것은 단순한 변화가 아니라, 기술과 문화, 사회가 함께 성장하며 진화하는 '공진화(Coevolution)'의 시작이 될 것이다.

새로운 기회의 땅을 찾아서

우리는 지금, 변화의 한가운데 서 있다. 전기차와 자율주행 기술은 단순히 이동수단의 혁신을 넘어, 우리의 생활 방식과 공간 인식을 근본적으로 뒤바꾸고 있다. 과거의 이동은 A에서 B로 가는 단순한 과정이었다. 그러나 이제 이동 시간은 단순한 통과가 아니라, 삶을 더 풍요롭게 만들어주는 '경험의 시간'으로 바뀌고 있다. 전기차를 기술 혁신의 산물로만 바라보는 것은 좁은 시야에 불과하다. 전기차는 단순한 교통수단을 넘어, '이동하는 개인 공간'이라는 새로운 삶의 무대를 만들어가고 있다.

나는 전기차를 타고 이동하면서 공간과 시간의 개념이 어떻게 달라질 수 있는지를 직접 경험했다. 도로 위를 달리면서도 운전에 얽매이지 않고, 차 안에서 커피를 마시며 생각을 정리하고, 음악을 듣고, 영상을 보며 나만의 시간에 몰입할 수 있었던 순간, 나는 깨달았다. 이동이 더 이상 수단이 아니라, 삶 그 자체가 될 수 있다는 것을.

우리는 지금, 공간을 활용하는 방식의 대전환을 맞이하고 있다. 전기차와 자율주행 기술이 더욱 발전하면 집과 직장의 경계는 흐려지고, 도심과 교외를 가르는 선은 점차 의미를 잃게 될 것이다. 출퇴근이라는 개념이 변하고, 이동 중에도 일하거나 휴식할 수 있는 시대가 열릴 것이다. 이것은 단순한 기술 발전이 아니라, 우리가 '공간'과 '삶'을 바라보는 방식을 근본적으로 다시 쓰는 과정이다.

책을 집필하면서 나는 확신하게 되었다. 제4의 공간은 먼 미래의 이야기가 아니다. 이미 전기차를 일상으로 받아들인 이들의 삶 깊숙이 스며들어 있고, 앞으로는 선택이 아닌, 일상이 되어갈 거라는 것을…….

아파트가 주거 문화의 기준이 되어 버린 시대. 거실과 방 세 칸, 화장실 두 개를 가진 집이 평당 단가로 가치를 평가받는 현실 속에서 많은 사람들은 좁은 공간에서조차 진정한 사적인 시간을 누리기 어렵다. 그렇다면 묻고 싶다. 만약 당신이 자신의 전기차 안에서 방해받지 않고 오롯이 몰입할 수 혼자만의 시간을 가질 수 있다면, 그 공간의 가치는 얼마로 환산할 수 있을까?

전기차는 이동을 위한 도구를 넘어 '집의 확장', '움직이는 별채'가 되어가고 있다. 이는 단순히 자동차 한 대를 소유하는 문제가 아니다. 좁은 땅 위의 고정된 공간에 갇히지 않고 이동하는 동안에도 나만의 세계를 확장할 수 있는 가능성의 선언이다.

나는 이 책의 부제를 '멈추지 않는 기회의 땅'으로 정할 때 바로 이 가능성을 염두에 두었다. 부동산 불패 신화를 믿고 아파트에 몰입하는 대한민국. 모두가 한정된 땅을 소유하기 위해 경쟁하는 이 땅에서 정작 가장 필요한 것은 '고정된 공간'이 아니라, '움직이면서도 머무를 수 있는 자유' 아닐까.

국가 경제가 성장 정체를 걱정하고 세대 간 갈등과 미래 불안이 커지는 이 시기에, 우리는 기존의 패러다임을 넘어 멈추지 않는 새로운 기회의 땅을 개척해야 한다. 이제 우리는 중요한 선택의 기로에 서 있다. 다가오는 변화를 두려워하며 저항하며 외면할 것인가, 아니면 스스로 그 변화를 이끌어 새로운 세상을 열 것인가.

거듭 강조하지만, 전기차는 단순한 기술이 아니다. 삶을 확장하고, 공간을 재구성하며, 시간을 다시 의미 있게 만들어줄 혁신적인 플랫폼이다. 나는 확신한다. 우리는 더 이상 고정된 공간에 갇힐 필요가 없다. 전기차와 자율주행 기술은 우리에게 새로운 자유를 선사하고 있으며, 그 자유 속에서 우리는 더 나은 삶을, 더 넓은 공간을, 더 의미 있는 시간을 스스로 만들어갈 수 있을 것이다.

"우리는 이동하는 공간 속에서 머물고, 머무르는 공간 속에서도 이동할 수 있다. 전기차는 단순한 이동수단이 아니라, 우리 삶을 담아낼 제4의 공간이다."

그리고 바로 그곳에서, 우리는 멈추지 않는 새로운 기회의 땅을 향해 힘차게 나아갈 것이다.

2025년 5월 어느 날,
판교의 어느 타운하우스 지하주차장,
나만의 제4의 공간 안에서.

에필로그

참고 문헌

《*The Third Place: Uncovering the Ways People Gather in Small Numbers to Create a Sense of Community*》, Ray Oldenburg, Da Capo Press, 1989.

《*Mobility as a Service: Disruption of the Car Industry*》, Sampo Hietanen, Fast Company Press, 2016.

《*The Inevitable: Understanding the 12 Technological Forces That Will Shape Our Future*》, Kevin Kelly, Viking, 2016.

《어디서 살 것인가》, 유현준, 을유문화사, 2014.

《공간이 만든 공간》, 유현준, 을유문화사, 2018.

《공간의 미래》, 최윤경, 21세기북스, 2022.

《결국, 공간》, 김경민, 다산북스, 2021.

《미래형 자동차, 전기차가 답이다》, 박영훈, 라온북, 2020.

《넥스트 모빌리티, 전기차가 바꾼다》, 문승욱, 장영주, 한스미디어, 2020.

《모빌리티 대전환》, 홍성우, 한울엠플러스, 2021.

《자율주행, 넥스트 스마트 혁명》, 서승우, 김영사, 2016.

《스마트 시티, 미래를 디자인하다》, 조형수, 한울, 2017.

《플랫폼 도시》, 송도호, 민음사, 2019.

《스마트시티 4.0》, 박상우, 김도년, 건설경제, 2020.

《90년생이 온다》, 임홍택, 웨일, 2018.

《고령화 사회, 한국의 미래는 있는가》, 김태현 외, 박영사, 2016.

《지방소멸》, 마스다 히로야, 와이즈베리, 2015.

《인구 절벽, 대한민국 미래 시나리오》, 조영태, 김영사, 2016.

《아파트 공화국》, 박해천, 휴머니스트, 2016.

신도시 주거실태조사: 2023년 공개 자료(수도권 아파트 거주자의 개인 공간 부족 현황 조사 결과)

제4의 공간

2025년 6월 9일 초판 1쇄 발행

지은이 조현민
펴낸이 이원주

책임편집 강소라　**디자인** 심디
기획개발실 김유경, 강동욱, 박인애, 류지혜, 고정용, 이채은, 최연서
마케팅실 양근모, 권금숙, 양봉호　**온라인홍보팀** 신하은, 현나래, 최혜빈
디자인실 진미나, 윤민지, 정은예　**디지털콘텐츠팀** 최은정　**해외기획팀** 우정민, 배혜림, 정혜인
경영지원실 강신우, 김현우, 이윤재　**제작팀** 이진영
펴낸곳 (주)쌤앤파커스　**출판신고** 2006년 9월 25일 제406-2006-000210호
주소 서울시 마포구 월드컵북로 396 누리꿈스퀘어 비즈니스타워 18층
전화 02-6712-9800　**팩스** 02-6712-9810　**이메일** info@smpk.kr

쌤앤파커스(Sam&Parkers)는 독자 여러분의 책에 관한 아이디어와 원고 투고를 설레는 마음으로 기다리고 있습니다. 책으로 엮기를 원하는 아이디어가 있으신 분은 이메일 book@smpk.kr로 간단한 개요와 취지, 연락처 등을 보내주세요. 머뭇거리지 말고 문을 두드리세요. 길이 열립니다.